Marco Dietsche

Leistungsstark trotz Stress –
so halten Sie Ihr Lebensrad in Schwung

Herausgegeben von Andreas Buhr

go! LiveVerlag

Die deutsche Bibliothek – CIP-Einheitsaufnahme
Die Deutsche Nationalbibliothek verzeichnet diese Publikation in der Deutschen Nationalbibliografie; detaillierte bibliografische Daten sind im Internet unter http://dnb.d-nb.de abrufbar

Dietsche, Marco:
Leistungsstark trotz Stress – so halten Sie Ihr Lebensrad in Schwung

Print: ISBN 978-3-9818220-5-2
E-Book: ISBN 978-3-9818220-6-9

2. Auflage 2021

Gesamtproduktion, Design, Layout:
text-ur agentur Dr. Gierke, Köln, www.text-ur.com

Illustrationen, Umschlagillustration: Franziska Caroline Thümler

Druck und Vertrieb: BoD – Books on Demand GmbH, Norderstedt, www.bod.de

ISBN 978-3-9818220-5-2

Printed in Germany

Inhalt

Vorwort des Herausgebers

„Weißt Du, ihr habt Uhren, und wir haben die Zeit" – nie werde ich diese Worte einer alten Dame vergessen. Das war in Nepal, genauer: in Namche Bazar, und ich bereitete mich auf den Aufstieg ins Base Camp zur Besteigung des Mount Everest vor. Der geplante Aufstieg im Jahr 2014, dem Jahr mit dem bisher schwersten Unglück in der Klettersaison. Dem Jahr, das uns alle Demut und den Wert der Zeit und des Lebens neu schätzen lehren sollte. Auch mich.

Seither stelle ich mir noch öfter und noch drängender die wirklich wichtigen Fragen. Wie viel Zeit bleibt mir noch? Was macht mich wirklich glücklich in dieser Zeit? Was kann ich der Welt geben? Was bewegt mein Lebensrad? Was ist fundamental wichtig – und wie kann ich mich darauf fokussieren? Wie kann ich mich der Hektik dieser übertriebenen, getriebenen Zeitläufe entziehen – und mich nicht im Klein-Klein-Tagesstress eines übervollen Terminkalenders verlieren .... sondern mir immer wieder bewusst machen, wo ich wirklich einen großen Hebel ansetzen kann, wie ich eine „Delle ins Universum treten" kann. Denn diese „Delle" ist stellvertretend auch mein Lebensziel. Meine große Vision. Mein Leitstern. Kurz: Wie kann ich die Brücke bauen zwischen meiner großen Lebensvision und dem geistigen Ort, an dem ich mich gerade (noch) befinde. Die Brücke zwischen dem, was mich treibt und mir Freude bereitet und dem, wohin es mich treibt. Die Brücke zwischen meinem stressigen und termingefüllten Leben und der selbstbestimmten Freiheit und dem Leitstern, zu dem es mich zieht.

Wahrscheinlich geht es Ihnen, liebe Leserin, lieber Leser, genauso. Denn diese Fragen bewegen uns alle! Sie sind wichtig. Und daher habe ich mit großer Freude zugesagt, als Marco Dietsche, Coach, Trainer und auch alter Freund von mir, angefragt hat, ob ich ein Buch zu diesem Thema im go!Live Verlag herausgeben möchte. Dieses Buch, das Sie jetzt gerade in Händen halten, ist der legitime Nachfolger von „go! Die Kunst das Leben zu meistern", das ich früher bereits mit Wolfgang Müller im mvg-Verlag und dann in aktualisierter Neuauflage im go!Live Verlag herausgebracht habe. Über die Jahre ließ die Nachfrage nach dem Thema nicht nach; und nun war es an der Zeit, ein neues, zeitgemäßes Buch dazu herauszubringen.

Denn die Zeiten haben sich geändert. Tempo, Gleichzeitigkeit, „Fake News", die wir ständig auf den wahren Kern überprüfen müssen, stete Erreichbarkeit, Stress und wachsende Geschwindigkeit bestimmen immer stärker unser Leben. Das können wir nur mit einem Lebensrad bewältigen, das ausgeglichen vorwärtsrollt. Und damit meine ich, dass alle unsere wichtigen Lebensbereiche wie die Speichen eines Rades gleich stark und gleich wichtig sein müssen, damit es im Wortsinne rund läuft. Dass diese Lebensbereiche in Balance sein müssen: Sinn & Sein, Selbstführung & Eigenmanagement, Finanzen & Sicherheit, Menschen & Beziehungen sowie Körper & Seele – und das Ganze angetrieben von Motivation & Mission. Diese Bereiche bestimmen im übertragenen Sinne unser Lebensrad. Ein Rad, das nur rollt, wenn wir allen Bereichen die gleiche Aufmerksamkeit widmen. Und im Gegenzug dann auch aus allen Bereichen die gleiche Energie erhalten. Für dieses Lebensrad baut uns Marco Dietsche im vorliegenden Buch Brücken. Denn wir müssen die Richtung bestimmen, in die es rollen soll. Wir brauchen Visionen, Ziele.

Auch ich. Daher habe ich mir es als Unternehmer zum Ziel gemacht, möglichst vielen Menschen Zugang zum Wissen und zum Kompetenzzuwachs durch die Buhr & Team Akademie AG zu gewähren. Als Vortragsredner habe ich das Ziel, das Feuer der Begeisterung in die Herzen meines Publikums zu tragen. Und als Verleger, Aufmerksamkeit zu schaffen für die wichtigen Fragen aus Business & Leben, Unternehmen, Gesellschaft und Persönlichkeiten.

Daher: Bringen Sie Ihr Lebensrad in Schwung – schwingen Sie positiv! Genießen Sie das be-´schwingte´ Buch von Marco Dietsche mit den schönen Illustrationen von Franziska Caroline Thümler und seien Sie ´leistungsstark trotz Stress´. Denn Leistung führt zum Erfolg – und dieser Erfolg macht nur Sinn, wenn er an Ihre Lebensvision, Ihr großes Ziel gebunden ist. Dafür wünsche ich Ihnen das Beste!

Ihr Andreas Buhr
Unternehmer. Speaker. Autor

Einleitung – Ihre Brücke zu einem Leben in Balance

Kennen Sie das? Sie wachen auf – und genau zwei Fragen kommen Ihnen in den Sinn. Werden immer drängender. Die zwei großen Fragen, die jede Lebensrichtung bestimmen. Die Fragen nach dem Sinn, die Sie in Ihrem bisherigen und künftigen Leben antreiben. Denn ohne Sinn keine Freude, kein Ziel, keine Kraft.

Stellen wir die beiden Fragen konkret: Die Frage nach dem *Warum* und die Frage nach dem *Wohin*. Sie fragen sich, warum Sie Ihr Leben bisher *genau so* geführt haben, wie Sie es taten – und nicht anders. Warum Sie heute genau da stehen, wo Sie sind – und nicht einen Schritt weiter? Und auch, wohin Sie Ihr Leben, Ihr Lebensrad noch bringen soll? Welche Ziele Sie unbedingt noch erreichen, welche Visionen Sie sich verwirklichen wollen? Und – kennen Sie die Antworten? Oder anders gefragt: Haben Sie sich in der Vergangenheit schon einmal ernsthaft mit dem Lauf Ihres Lebens auseinandergesetzt? Wollten Sie erfahren, mit welchem Ziel Sie leben? Hatten Sie je das Bedürfnis, Ihre persönliche Zukunft neu zu ordnen und zu optimieren? Wenn Sie es bisher noch nicht getan haben, wird der Moment kommen, in dem Sie sich genau das wünschen: Den bisherigen Weg überdenken. Die eigenen Ziele neu formulieren und sie dann mit gesundem Ehrgeiz verfolgen. Und genau dafür ist dieses Buch da.

Es wird Sie in dieser Auseinandersetzung begleiten. Es soll eine Brücke bauen, über die Sie mit Ihrem Lebensrad zu Ihren persönlichen Zielen gelangen. Das Buch wird Sie dabei unterstützen, die verschiedenen Aspekte Ihres Lebens – die Speichen Ihres Lebensrades – zu analysieren. Und dort, wo sie vielleicht nicht in Balance oder brüchig sind, bekommen Sie das nötige Handwerkszeug, um sie zu reparieren, anzugleichen oder neu anzuordnen. Damit Ihr Lebensrad (wieder) rund läuft.

Das elementare Ziel: ein Leben im Gleichgewicht

Möglicherweise haben Ihnen bislang die Gelegenheit oder die Zeit gefehlt, um sich mit diesen Fragen auseinanderzusetzen. Oder aber Sie scheuen sich vor ihnen, weil Sie wissen, dass damit Veränderungen auf Sie zukommen. Denn wenn wir ehrlich sind: Einen Anlass oder Grund dafür, sich mit dem Warum auseinanderzusetzen, gibt es immer! Schließlich sollte Ihnen nichts so wichtig sein, wie Ihr eigenes Leben. Es ist Ihre Chance, sich selbst und andere glücklich zu machen – und zwar genau jetzt.

Wenn Sie sich die Frage nach dem Warum und dem Wieso bislang noch nicht gestellt haben, dann aus einem einzigen Grund: Sie haben ihnen bislang keine Priorität eingeräumt. Vielleicht haben Sie festgestellt, dass Ihr Lebensrad mittlerweile ein bisschen „eiert". Vielleicht haben Sie sich ein bisschen mehr „leben lassen", als dass Sie selbst gelebt haben. Oder gehören Sie zu denen, die von der Zielstrebigkeit in den Übereifer geraten sind? Haben Sie das Gefühl, in den immer schneller werdenden, dichteren Anforderungen des Berufslebens den Kontakt zu Ihrem eigenen, eigentlichen Leben verloren zu haben? Besteht es nur noch aus Arbeit?

Denkanstoß:
Geld verdienen, Karriere machen, sich etwas leisten – soll das schon alles gewesen sein? Leben Sie, um in den Pflichten (für andere) aufzugehen? Oder leben Sie, um Ihre Chance zu nutzen, glücklich zu sein und auch anderen Menschen Glück zu bringen?

Die Diagnose im einen wie im anderen Fall: Ihr Lebensrad ist aus dem Gleichgewicht geraten. Es läuft nicht mehr rund. Vielleicht ist Ihnen das schon länger bewusst. Möglicherweise haben Sie sich schon lange vorgenommen, daran etwas zu ändern. Sich selbst wieder neu auszurichten. Oder aber Sie gehören zu denen, die immer wieder neue Gründe finden, um die dazu notwendigen Schritte vor sich herzuschieben. Die nächste Gehaltserhöhung. Die Abzahlung des Kredits. Die nächste Karrierestufe. Wenn all das erreicht ist, die Kinder gut durch die Ausbildung gebracht sind, ja dann ...

Was dann?
... kümmere ich mich um meine Gesundheit? ... schlage ich beruflich einen neuen Weg ein? ... starte ich noch einmal richtig durch? ... habe ich wieder Zeit für meinen Partner?

Nein, das sind doch nicht Sie! Sie schieben das alles nicht vor sich her! Das muss doch anders gehen: glücklicher, reicher, lebendiger – schon jetzt. *Das* wollen Sie.

Sparen Sie sich daher die Sinnkrise und packen Sie Ihr Leben jetzt richtig an. Optimieren Sie die Speichen Ihres Lebensrades und dann geben Sie ihm Schwung. Wir unterstützen Sie dabei - Sie erkennen dies an den Bildsymbolen an den Seitenrändern: Mit Tipps und Denkanstößen, die Sie zur Selbstreflexion anregen, sowie mit Übungen, die wir Ihnen auch zum kostenlosen Download von www.mdc24.com anbieten.

Diese Übungen bezeichnen wir als Brücken zur Umsetzung des Gelernten. Denn wir sind Ihre Brückenbauer zu den Menschen. Und daher sind wir auch als Trainer für Sie da - schauen Sie doch auf der letzten Seite mal nach, dort finden Sie unsre aktuellen Seminarangebote, die Ihr Lebensrad noch besser in Balance und ins Rollen bringen.

Das Lebensrad: So läuft Ihr Alltag (wieder) rund

Kaum eine andere technische Erfindung versinnbildlicht so anschaulich das Prinzip von Ausgeglichenheit, Bewegung und Perfektion:

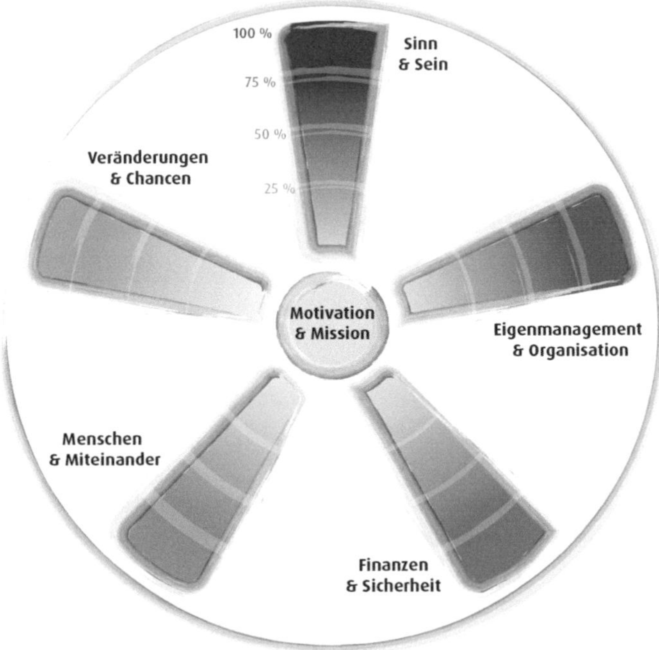

Abb. 1: Das Lebensrad
Quelle: eigene Darstellung

Als Symbol für die Grundstruktur unseres Lebens besteht das Lebensrad aus sechs Bereichen, die als Speichen und Nabe dargestellt werden:

1. Sinn & Sein
2. Eigenmanagement & Organisation
3. Finanzen & Sicherheit
4. Menschen & Miteinander
5. Veränderungen & Chancen
6. Motivation und Mission (Nabe)

Die Nabe ist wichtig. Von ihr wird der Antrieb auf das Rad übertragen. Auf der anderen Seite sind die Speichen über die Lauffläche verbunden. Diese bildet gleichzeitig die Verbindung zur Außenwelt und kann ganz unterschiedlich beschaffen sein. Mal ist es ein einfacher Eisenring, mal ein hochmoderner Formel-1-Pneu. Abhängig davon bietet das Rad auch einen ganz unterschiedlichen Reisekomfort.

Ohne Kommunikation läuft nichts

Bezogen auf das Leben symbolisieren Nabe und Lauffläche unsere Kommunikation. Die Lauffläche ist das Medium nach außen und gibt vor, wie komfortabel und schnell wir durchs Leben kommen. Die Achse versinnbildlicht die innere Kommunikation. Hier stecken unsere Impulse, unsere Motivationen, die uns handeln und Energie in die Speichen geben lassen. Angetrieben wird die Nabe durch unsere Motivation. Sie erzeugt Energie, die dann durch die Nabe in das Rad gelangt, durch die Speichen geführt und in die Lauffläche gelenkt wird. Die Erschütterungen der Lauffläche wiederum nehmen den umgekehrten Weg über die Speichen zurück zur Nabe.
Sind die Speichen ausgeglichen, stabil und fest in der Nabe verankert, läuft das Rad rund. Zwar ist der Weg, auf dem es rollt, manchmal etwas holprig. Aber es ist so stabil, dass es die Schlaglöcher des Lebens unbeschadet übersteht. Die Qualität unserer Kommunikation bestimmt somit die Qualität unseres Lebens. Denn der gute Umgang mit uns selbst gibt uns die Energie zu Wachstum und Vorwärtsbewegung. Der gute Umgang mit anderen lässt uns leichter durch das Leben gleiten und die Hindernisse nahezu unbeschadet überwinden.

Unser Leben besteht aus vielen Aspekten. Aus der Familie. Unserem Beruf. Unserer Gesundheit und vielem mehr. Es ist ein Irrtum zu glauben, wir könnten uns erst um den einen, dann um den anderen Bereich kümmern. Unser Leben ist kein Kuchen, das sich in Stücke schneiden lässt. Im Gegenteil: Jeder Lebensbereich ist gleich wichtig. Und jeder beeinflusst den anderen. Im Schlechten wie im Guten. Wir alle kennen das: Beruflicher Erfolg führt – bei vernünftigem Umgang mit dem Geld – zu vermehrten Möglichkeiten, das Leben zu gestalten. Wir sind entspannter und locker im Umgang mit unserer Umwelt. Das macht uns attraktiv für andere erfolgreiche Menschen, mit denen wir unser persönliches Weiterkommen weiter steigern können. Wir können uns beispielsweise einen Trainer leisten, der uns hilft, den Körper fit zu halten. Wer seine Gesundheit vernachlässigt, sich nur auf den Beruf konzentriert, läuft Gefahr krank zu werden – und damit den beruflichen Erfolg wieder einzubüßen. Sie sehen: Sie sollten nichts auf später vertagen. Im Gegenteil. Achten Sie ganz bewusst darauf, die Lebensbereiche im Gleichgewicht zu halten. So kann jeder Lebensbereich den anderen stützen und Sie erleben Ihren Alltag als Höhenflug aus der Gewinner-Perspektive.

Das hohe Gut der inneren Harmonie: Sie fassen Tritt

Das Gleichgewicht der Lebensbereiche ist keine Selbstverständlichkeit. Gerät nur ein Bereich unseres Lebens aus dem Gleichgewicht, ist die gesamte Balance gefährdet: Konzentrieren wir uns zu sehr auf den Beruf, bleibt zu wenig Zeit für die Familie. Jagen wir nur dem Geld hinterher, vergessen wir unsere Freunde. Vernachlässigen wir uns selbst, macht der Körper schlapp. So führt ein Problem in einem Lebensbereich zu neuen Schwierigkeiten in allen anderen Gebieten. Ehekrisen lenken von der Arbeit ab; Ärger im Job bringt Geldsorgen, die wiederum Magengeschwüre hervorrufen. Die Erkrankung belastet die Beziehung – und so fort. Am Ende gerät unser Leben aus der Spur wie ein Rad mit gebrochenen Speichen.

Doch das muss nicht sein. Wir haben es selbst in der Hand, unser Lebensrad rundlaufen zu lassen. Damit dies gelingt, sollten wir allen Bereichen unseres Lebens die erforderliche Aufmerksamkeit und Pflege zukommen lassen. Sie haben immer die Chance, die eigenen Fähigkeiten und Stärken zu entdecken, zu fördern und gezielt zu nutzen. Mit dem Ziel, durch Ausgewogenheit mehr Qualität in Ihr Leben zu holen.

Hüten Sie sich vor übertriebenen Erwartungen: Weniger ist häufig mehr!

Wir alle streben danach, unser Leben noch besser, noch ausgefüllter zu gestalten. Wir wollen noch mehr verdienen. Eine noch größere Wohnung, ein noch besser ausgestattetes Haus. Noch mehr Anerkennung im Freundes- und Kollegenkreis. All diese Erwartungen stellen Sie an sich selbst. Und damit üben Sie Druck auf sich aus – und machen sich das Leben schwer. Dieser überhöhte Erwartungsdruck ist eine wesentliche Ursache für das Ungleichgewicht im Leben. Stressforscher wissen: Zu hohe Erwartungen kosten so viel psychische und physische Energie, dass unser Immunsystem seine Abwehrkraft verlieren kann. Auch die Traumaforschung geht von unausweichlichen negativen Spätfolgen aus. Besonders gefährdet sind Menschen mit einem Hang zum Perfektionismus und der Bereitschaft, sich extrem zu engagieren. Sie laufen Gefahr, Opfer des Burnout-Syndroms zu werden – sie brennen buchstäblich innerlich aus. Mit dauerhaften Schäden für Körper, Geist und Seele.

Hinzu kommt, dass gerade in der heutigen Zeit die beruflichen Anforderungen höher als je zuvor sind. Noch dynamischer, noch smarter, noch durchsetzungsfähiger lautet die Parole. Und wehe, wir erfüllen die Erwartungen des Unternehmens nicht. Wer sich nicht auf die Forderungen einlässt, ist schon bald nicht mehr gefragt.

In Beziehungen – seien sie nun privater oder beruflicher Natur – sieht die Sache nicht anders aus: Tag für Tag werden sehr viele – sich teils einander widersprechende – Anforderungen an Sie gestellt. Die Frau wünscht sich den idealen Ehemann, den humorigen verständnisvollen, gutverdienenden Allesversteher und fürsorglichen Kindsvater; der Mann träumt von der perfekten Hausfrau, der liebevolle Mutter und attraktiven Geliebte, die selbstbewusst durchs Leben geht und auch noch Erfolg im Beruf hat. Die Kinder kommen mit üppigen Wunschpaketen daher, die ohne Kredite kaum noch zu bezahlen sind. Und gleichzeitig wollen sie, dass wir so viel Zeit wie möglich mit ihnen verbringen. Man möchte mit den Nachbarn gleichziehen, die Verwandtschaft übertrumpfen, den Kollegen zeigen, was man hat. Und schneller, als man meint, werden die zahlreichen Erwartungen zu Mühlsteinen, die unserem Lebensrad in den Weg geworfen werden. Umso wichtiger ist es, sich zu entscheiden: Worauf will ich meine Energie verwenden und wie setze ich meinen Entschluss um? Denn Jammern und Klagen bringt uns nicht weiter. Besser ist, die eigene Lebensart zu akzeptieren und als persönliche Herausforderung anzunehmen.

Gleich wichtig – gleich stark: die harmonischen Sechs

Obwohl uns jeder der sechs Lebensbereiche vor unterschiedliche Anforderungen stellt, haben alle eines gemeinsam: Sie sind die Basispfeiler der Brücke, die zu unseren Zielen führt. Ihre gemeinsame Schwachstelle: Wird nur ein Pfeiler vernachlässigt, kann das die ganze Brücke zum Einsturz bringen. Lassen Sie uns wieder zurück zum Lebensrad und dem Bild der Speichen kommen:

Von ihrer gemeinsamen Verankerung der Nabe – unseren Antriebskräften, den Motivationen – gehen Impulse auf die Speichen über. Erst wenn wir genau wissen, was wir anstreben und dieses Ziel hartnäckig verfolgen, kommt das Rad in Schwung. Am rundesten läuft das Lebensrad natürlich dann, wenn alle Speichen gleich lang und gleich stark ausgeprägt sind. Erst wenn sämtliche Komponenten zueinander passen, geht es ohne Holpern und Rumpeln vorwärts. Das ist leicht gesagt, gelingt aber nicht immer. Manchmal sind Sie eine Zeitlang gezwungen, eine Unwucht in Kauf nehmen: Weil Sie Ihrer Gesundheit besondere Aufmerksamkeit widmen müssen, den nächsten Schritt auf der Karriereleiter erreichen oder Sie mehr Geld brauchen. In einem einzigen Fall – und nur dann – müssen Sie sogar ganz bewusst Unwucht ins System bringen: Wenn Sie Wachstum anstreben. Das ist natürlich anstrengend, aber langfristig bringt diese Unwucht Sie weiter. Sie hilft Ihnen, die richtige Balance zu finden. Denn niemand kann gleichzeitig an ALLEN Speichen des Rades arbeiten! Dann rollt es gar nicht mehr. Die Herausforderung besteht also darin, keinen Bereich zu vernachlässigen und gleichzeitig gezielt Lebensbereiche auszubauen. Schauen wir uns dazu die einzelnen Speichen etwas genauer an.

Speiche 1 „Sinn & Sein“:
Die Antwort auf das „Warum“ ist entscheidend

In dieser Speiche fokussiert sich alles auf die Frage nach dem „Warum“ des Lebens. Diese hat allerdings weder etwas mit Esoterik noch mit romantischer Verklärung zu tun. Es geht um etwas überaus Handfestes –

nämlich darum, eine stabile Basis für unser künftiges Handeln zu schaffen. Erst ein sinnvoll beantwortetes „Warum“ bringt uns die nötige Motivation und Energie, die täglichen Herausforderungen des Alltags zu meistern. Denn: Je überzeugender der Sinn, desto besser sind das Engagement und die Ergebnisse.

Speiche 2 „Eigenmanagement & Organisation“: Stressfrei den Alltag bewältigen

Um unsere Ziele zu erreichen, müssen wir aktiv werden. Wir müssen lernen, Verantwortung zu übernehmen und Entscheidungen zu treffen. Das unterscheidet uns von Tagträumern – diese haben keine Chance, ihre Wunschbilder und Ziele zu realisieren.

Denkanstoß:
Was nützen die sinnvollsten Ziele und die (weitestreichenden) Visionen, wenn wir sie nicht in konkretes Handeln umsetzen können?

Unseren persönlichen Fahrplan selbst zu gestalten, den Weg aktiv zu gehen, statt uns treiben zu lassen, bedeutet, lieb gewordene Gewohnheiten über Bord zu werfen und ausgetretene Pfade zu verlassen. Nur so bekommen wir die Schubkraft, um innovative Ideen praktisch umzusetzen. Diese Herausforderungen strengen an. Unseren Geist, aber auch unseren Körper. Unsere Visionen, unsere Ziele können wir nur mit einem intakten und leistungsfähigen Körper verwirklichen und erreichen. Spitzenleistungen – in allen Lebensbereichen – setzen eine entsprechende Fitness und Energie voraus.

Schenken wir unserem Körper deshalb die Aufmerksamkeit, die er braucht. Pflegen wir ihn gut. Geben wir ihm zum Ausgleich ausreichend Bewegung und frische Luft. Ernähren wir ihn gesund und ausgewogen. Helfen wir ihm, lange in Top-Form zu bleiben. Dann haben wir die zweite Speiche gestärkt.

Speiche 3 „Finanzen & Sicherheit": Das braucht der Mensch zum Leben

Ob es uns gefällt oder nicht: Wir alle unterliegen kommerziellen Zwängen. Wir brauchen Geld, um gut und sicher zu leben und unsere Träume und Wünsche zu erfüllen. Wir müssen Lebensmittel, die Miete oder die Raten für das Haus, das Auto oder den Urlaub in der Toskana bezahlen. Wir brauchen aber auch finanzielle Mittel, um unsere Lebens-Ziele zu erreichen. Selbst dann, wenn es darum geht, anderen etwas Gutes zu tun: Bedürftigen zu helfen, die Umwelt oder bedrohte Tiere zu schützen – für all das benötigen wir Kapital.
Wenn wir uns also nicht schon frühzeitig von all unseren Vorstellungen und Plänen verabschieden möchten, führt an folgender Tatsache nichts vorbei: Wir müssen beizeiten unsere finanzielle Situation regeln – die dritte Speiche.

Speiche 4 „Menschen & Miteinander": Ohne soziales Miteinander sind wir verloren

Jeder von uns freut sich, wenn er positives Feedback bekommt. Wenn er lang und gut mit Freunden plaudert einen guten Rat bekommt oder ein spontanes Lob. Das hat einen Grund: Der Mensch ist ein soziales Wesen. Als solches verkümmert er ohne die Zuwendung anderer. Das gilt auch für unsere Ziele: Wir werden sie nur erreichen, wenn andere Menschen uns dabei unterstützen. Wir sind auf den geistigen Austausch angewiesen, auf den Dialog und das emotionale Feedback. Das gilt nicht nur für das Privatleben, sondern auch für das berufliche Miteinander.

Spätestens seit der Begriff der „Sozialen Kompetenz" in die Forschung über die Arbeitswelt Einzug gehalten hat, wird der Einfluss des richtigen Umgangs mit Kollegen, Vorgesetzten und Geschäftspartnern auf den Erfolg allgemein anerkannt. Um gemeinsam an einem Strang ziehen zu können, sollte solch ein Beziehungsnetzwerk unbedingt fest geknüpft sein. Wir brauchen somit auch die fünfte Speiche, damit unser Lebensrad rund läuft.

Speiche 5 „Veränderungen & Chancen“: Durch bewusste Richtungswechsel auf den richtigen Weg

Sie haben die Frage nach dem Warum beantwortet, sich erreichbare Ziele gesetzt und sich auf den Weg gemacht. Trotzdem wird es immer wieder dazu kommen, dass Ihr Lebensrad unruhig läuft. Dass Sie die Frage nach dem *Warum* und dem *Wieso* erneut überdenken müssen. Sind Sie mit Ihrem Lebensrad überhaupt noch auf dem richtigen Weg? Haben Sie wichtige Teilziele erreicht? Diese Fragen sind nicht nur normal – sie sind wichtig. Denn auf unserem Lebensweg lernen wir stetig dazu, verändern uns und erweitern unseren Horizont. Wichtig ist, dass wir uns bewusst für eine Richtung entscheiden oder auch einen ganz neuen Weg einschlagen. Diese Entscheidungskraft – der Mut zur Veränderung – ist unsere fünfte Speiche im Lebensrad.

Nabe des Lebensrades: „Motivation“:

All die Visionen, der Mut und die Entscheidungskraft bringen nichts, wenn Ihnen der Antrieb, die Motivation fehlt. Sie müssen kräftig in die Pedale treten, damit sich über die Nabe die Kraft auf die Speichen überträgt und sich Ihr Rad zu drehen beginnt. Sie brauchen Motivation, Kondition und Ausdauer, um auch die Bergetappen des Lebens zu nehmen und die richtigen Brücken zu überqueren. Die Nabe ist somit ein essenzieller Teil Ihres Lebensrades, den Sie regelmäßig inspizieren sollten.

Es ist Ihr Rad – pflegen Sie es

Wenn unser Lebensrad harmonisch läuft, ist alles gut. Was aber, wenn aufgrund von Problemen eine der sechs Speichen defekt ist oder sogar ganz wegbricht? Durch einen Sportunfall, der den beruflichen Höhenflug für Monate unterbricht, oder einen Schuldner, der zahlungsunfähig wird. Solche Belastungen wirken sich nicht nur auf unser Berufsleben aus – auch unser Privatleben kann leiden. Es kriselt in der Partnerschaft und man konzentriert sich darauf, „zu retten, was zu retten ist“, obwohl eine Trennung vielleicht der richtige Schritt wäre.

Hilfe, mein Lebensrad spurt nicht mehr: Vorbeugen ist besser als klagen

Gerade im Anfangsstadium einer solchen Entwicklung merken wir häufig noch nicht, dass durch ein Problem in einem Bereich auch die anderen Lebensbereiche beeinträchtigt werden. Nach und nach stellen wir dann fest: Das Rad rollt nicht mehr so, wie es sollte. Je schwieriger das Gelände wird, desto stärker macht sich die Unwucht bemerkbar. Noch fangen die anderen Speichen die Zusatzbelastung ab, doch irgendwann geht es nicht mehr weiter. Speichenbruch auf ganzer Linie; an ein Fortkommen ist nicht mehr zu denken. Also ab in die Werkstatt oder – wenn der Schaden irreparabel ist – her mit einem neuen Rad. Aber können wir uns einfach so ein neues Leben kaufen? Wohl kaum. Deshalb: Lassen Sie es erst gar nicht so weit kommen. Unterziehen Sie Ihr Lebensrad mitsamt seinen Speichen einer regelmäßigen Inspektion. Das hilft Ihnen, Warnzeichen rechtzeitig zu erkennen und einem Crash vorzubeugen. Dabei hilft Ihnen die folgende Übung:

BRÜCKE ZUR UMSETZUNG

Analysieren Sie die Speichen Ihres Lebensrades!

Bitte beantworten Sie stichwortartig die Leitfragen zu den einzelnen Lebensbereichen. Durch die Reflektion erhalten Sie Erkenntnisse über den Ist-Zustand Ihres Lebensrades und Ideen für Ihre Weiterentwicklung.

Wie zufrieden bin ich mit meiner Gesundheit und meiner Fitness?

....

Was tue ich dafür?

....

Wie sehr bin ich der aktive Gestalter „meines" Lebens?

....

Was tue ich dafür?

....

Habe ich finanzielle Ziele? Und wie nahe bin ich ihnen?

....

Was tue ich dafür?

....

Wie bereichernd sind meine Beziehungen für mich und andere?

....

Was tue ich dafür?

....

Welche Entscheidungen schiebe ich schon lange vor mir her?

....

Was tue ich dafür?

....

Was ist meine Vision, der Sinn meines Daseins?

....

Was tue ich dafür?

....

Beantworten Sie nun die Frage, wie zufrieden Sie mit dem Zustand Ihres Lebensrades sind. Gibt es Bereiche, in denen Sie etwas verändern möchten?

Diese Übung können Sie auch als Arbeitsblatt von unserer Website mdc24.com herunterladen.

Am Anfang war das Wort: Kommunikation ist das Mittel zum Kontakt

Erinnern Sie sich an das Bild der Nabe als Antriebszentrum, das den Mechanismus des Lebensrades in Bewegung setzt? Die Lauffläche des Rads symbolisiert das Medium für den Kontakt zur Umwelt. Hier findet die Kommunikation mit unseren Mitmenschen statt. Hier erfahren wir, wie die soziale Wegstrecke beschaffen ist – wie unsere Familie, Freunde, Bekannte und Kollegen auf uns reagieren. Und das hängt stark davon ab, wie wir uns geben.

- Halten Sie einen Moment inne und überlegen Sie einmal, wie Sie Ihren Erfolg zeigen: Verhalten Sie sich als Sieger, der um sich herum nur potenzielle Besiegte sieht? Oder eher als Gewinner, der auch anderen ihren Gewinn gönnt?
- Sind andere neidisch auf Sie oder werden Sie bewundert und nachgeahmt?
- Müssen Sie sich immer wieder gegen eine extrem harte Konkurrenz behaupten oder bittet man Sie um Ihre Kooperation?

Die Reaktionen Ihrer Mitmenschen sind Teil der Kommunikation. Sie bestimmen den Lauf Ihres Lebensrades maßgeblich mit. Wir erkennen, ob wir anderen erfolgreich begegnen. Denn die anderen signalisieren uns, ob die berufliche Zusammenarbeit gut oder weniger gut klappt. Und unser Partner zeigt durch sein Verhalten, ob er nach wie vor gern mit uns zusammen ist.

All das können wir aktiv beeinflussen, indem wir unsere Kommunikationsfähigkeit trainieren und kultivieren. Wer offen auf Menschen zugeht und ehrliches Interesse an seinem Gegenüber zeigt, dessen Lebensrad wird selten im Schlamm von Missverständnissen und Intrigen stecken bleiben. Und: Der Mensch schöpft nicht nur aus sich selbst. Es ist für jeden von uns ungeheuer wichtig, neue Impulse und Erkenntnisse von außen aufzunehmen. Erfolgreiche Menschen zeigen uns dies täglich. Denn alles steht und fällt mit einer bewussten, zielgerichteten Kommunikation, die wir mit unserem jeweiligen Gesprächspartner haben. Was Sie dabei unbedingt im Auge behalten müssen: Der Dialog sollte so verlaufen, dass beide Parteien am Ende zufrieden sind.

Filterfein gemahlen: Schranke runter vor der Informationsflut

Unser Bewusstsein ist Weltmeister im Abschotten von allzu vielen Informationen. Manches darf herein, manches muss draußen bleiben. In jeder Sekunde stürmt eine Flut von Sinnesreizen auf uns ein, die kaum zu bewältigen ist. Allein unsere Augen sollen in dieser knappen Zeitspanne Sinnesreize von etwa 10.000.000 Bit verarbeiten. Hinzu kommt das, was wir über unseren Geruchssinn, unsere Ohren, unsere Haut und unseren Geschmack wahrnehmen. Allein bei dem Versuch, alles bewusst aufzunehmen, wären wir nur noch mit unseren Wahrnehmungen beschäftigt und nicht mehr handlungsfähig. Deshalb nutzen wir zur Selektion eine Art Filtersystem. Auf diese Weise kann nur ein bestimmter, ausgewählter Teil (40 Bit) der Informationen in unser Bewusstsein vordringen. Ein Effekt, der uns vor Unmengen von Eindrücken bewahrt und hilft, uns auf das Wesentliche zu konzentrieren.

Leider verhindert diese Schutzfunktion, die aufgenommenen Informationen von vornherein objektiv zu beurteilen. Sie werden lediglich in der einen oder anderen Form zur Kenntnis genommen und einsortiert. Unser Urteil ist immer subjektiv – und kann morgen schon ganz anders ausfallen. Jeder von uns sollte deshalb mit absoluten Behauptungen vorsichtig sein.

Ohne Differenzierung wird es schwierig: Schärfen Sie Ihre Sinne

Dass unsere Wahrnehmung so viele Reize ausblendet, hat also einen guten Grund. Und tatsächlich: Im Vergleich zu anderen Lebewesen ist die Leistungsfähigkeit der menschlichen Sinne relativ begrenzt. Sei's drum: Wir haben es uns längst abgewöhnt, uns mit den eigenen Unzulänglichkeiten zu befassen. Wichtiger ist es, angesichts der heutigen Reizüberflutung differenzieren zu können. Der Schlüssel zu dieser Fähigkeit liegt im festen Willen, alles konsequent und bewusst wahrzunehmen. Das heißt: Versuchen Sie, nicht so viel in Gesten, Mimik oder Formulierungen zu interpretieren oder hineinzulesen. Analysieren Sie die Informationen, die Sie erhalten, lieber sachlich und mit klarem Verstand. So können Sie sie leicht in wichtig und unwichtig, zieldienlich und zielhemmend einteilen.

Übrigens: Sie können daran arbeiten, Ihre Konzentration zu verbessern und Ihre Sinneswahrnehmung zu schärfen. Dafür gibt es hier die passende Übung.

BRÜCKE ZUR UMSETZUNG

Schärfen Sie Ihre Sinne

Nehmen Sie sich fünf Tage lang je eine Stunde Zeit für Ihre Wahrnehmungsfähigkeit. Schulen und schärfen Sie damit Ihre Sinne. Schreiben Sie jeden Abend Ihre Wahrnehmungen auf.

	Welche Eindrücke nehme ich tatsächlich wahr?	Welche Eindrücke werden mir normalerweise nicht bewusst?
Am 1. Tag richten Sie Ihre volle Aufmerksamkeit auf das Sehen.		
Am 2. Tag achten Sie bewusst auf das Hören.		
Am 3. Tag konzentrieren Sie sich auf das Fühlen, Tasten und Spüren.		
Am 4. Tag kommt das Riechen an die Reihe.		

Am 5. Tag werden Sie ganz gezielt das Schmecken erleben.		

Diese Übung können Sie auch als Arbeitsblatt von unserer Website mdc24.com herunterladen.

Denkanstoß:
Wenn Sie sich fünf Tage lang mental auf die jeweiligen Sinneseindrücke konzentrieren und Ihre Beobachtungen allabendlich notieren, können Sie Ihre Wahrnehmungsfähigkeiten gezielt trainieren.

Alles Ansichtssache: Die Einstellung entscheidet

Sie kennen vielleicht das Phänomen: Sie wollen sich ein neues Auto kaufen und sehen plötzlich nur noch diese Automarke durch die Straßen fahren. Oder erinnern Sie sich an die Zeit, in der Sie frisch verliebt waren? Die ganze Stadt war auf einmal voller frisch verliebter Pärchen. Diese Wahrnehmung ist keine Fata Morgana, sondern ganz natürlich: Wir können unseren persönlichen Blickwinkel auf bestimmte Dinge fokussieren. Deshalb bemerken wir vorrangig gerade das, was uns im Augenblick besonders interessiert.

Und: Wir können diesen Prozess der Einstellung beeinflussen. Stellen Sie sich einmal vor, Sie suchen in einer fremden Stadt nach einem bestimmten Geschäft. Unwillkürlich wird Sie Ihr Urteil über das entsprechende Geschäft weiterhin beeinflussen. Nach dem Luxusjuwelier werden Ihnen verstärkt Gourmetrestaurants auffallen. Sie werden also auf Signale aufmerksam, die für ein teures Preissegment stehen. Den Billig-Elektromarkt verorten Sie zum Beispiel in der Nähe preiswerter Jeansläden usw. Sie werden nicht bewusst denken: Klar, das Burger Restaurant liegt in der Fußgängerzone oder an Ausfallstraßen. Vielmehr werden Sie selbstverständlich erwarten, dass es so ist. Und es wird Sie überraschen, wenn Sie auf „Unpassendes“ stoßen. Denn die Aufmerksamkeit war in eine bestimmte Richtung gelenkt.

Auf andere Situationen übertragen bedeutet das: Sobald wir uns ein Urteil gebildet haben, suchen wir nach Belegen für dessen Richtigkeit. Haben wir uns beispielsweise für den Kauf einer bestimmten Automarke oder eines Smartphones entschieden, werden nur noch positive Nachrichten über diese Marke registriert. Bei Pessimisten läuft das Ganze genauso – nur umgekehrt.

Denkanstoß:
Ist das Glas halb voll oder halb leer? Optimismus oder Pessimismus ist eine Frage des inneren Blickwinkels.

Hier wird übrigens ein Aspekt deutlich, der die professionelle von der alltäglichen Kommunikation unterscheidet: Ein Profi lenkt seine Aufmerksamkeit stets auf die Themen und Informationen, die ihm helfen, sein Ziel zu erreichen. Die emotionale Komponente wird berücksichtigt, spielt sich jedoch nicht in den Vordergrund. Die Wahrnehmung wird so zu einer stabilen Brücke, über die Sie Ihren Zielen näherkommen.

Wenn zwei das Gleiche erleben ... ist das längst noch nicht dasselbe

Ist Ihnen schon einmal aufgefallen, dass zwei Menschen von ein und demselben Erlebnis oft ganz unterschiedlich berichten? Dass ein Kunde für den einen Verkäufer ein sehr angenehmer Verhandlungspartner sein kann, während der Kollege gar nicht mit ihm klarkommt? Dass Tipps von dem einen als Hilfestellungen, von anderen aber als nervige Besserwisserei wahrgenommen werden?

Was uns im Alltag immer wieder verblüfft, hat einen ganz einfachen Grund: Jeder von uns verarbeitet und bewertet Informationen anders. Denn jeder von uns hat seine ganz eigenen Erfahrungen, vor deren Hin-

tergrund die Information ausgewertet wird. Haben wir eine schwierige Aufgabe erfolgreich gelöst, werden wir eine ähnliche Herausforderung jederzeit annehmen. Denn wir wissen, dass wir diese meistern können. Unser Gehirn gibt uns das Signal: In Ordnung, mach das, denn du schaffst das.
Haben wir dagegen ein Negativ-Erlebnis hinter uns, richten wir unsere Konzentration auf den Vorsatz, *nicht* zu scheitern. Das ist jedoch eine sehr gefährliche Denkklippe. Unser Gehirn kann nämlich kein „nicht" denken.

Dazu gibt es ein klassisches Beispiel: Für den Besuch bei den Großeltern hat die Mutter das Kind frisch angezogen. Gleich werden alle ins Auto steigen. „Mach Dich nicht schmutzig", mahnt die Mutter, „wir fahren gleich." Im Kopf des Kindes bleibt das Wort „schmutzig" hängen; das Wörtchen „nicht" verschwindet dagegen spurlos. Damit hat sie das Gehirn ihres Kindes mit einem zwar gut gemeinten, in Wirklichkeit allerdings fatalen Begriff gefüttert. Der Plan, den Großeltern ein wie aus dem Ei gepelltes Kind zu präsentieren, ist mit diesem einen Satz zum Scheitern verurteilt. Denn während die Eltern sich anziehen, den Wagen aus der Garage fahren und die Haustür abschließen, just in diesen fünf Minuten locken der Sandkasten, der Nachbarshund oder die Matschpfütze. Und ein glückstrahlendes, schlammbespritztes Kind hüpft voller Vorfreude auf die Großeltern ins Auto.

Je nachdem, wie oft das vorkommt oder aber wie die Eltern reagieren, wird das Kind verinnerlichen, dass es sich immer schmutzig macht. Diese Erkenntnis kann zu einem Glaubenssatz werden. Solche Glaubenssätze bilden wir aufgrund unserer Erfahrungen. Laut Robert Dilts handelt es sich dabei um verinnerlichte „Überzeugungen über uns selbst und darüber, was in der Welt um uns herum möglich ist". Beispielsweise Behauptungen wie „Ich kann nicht verkaufen", „Ich bekomme mindestens zweimal im Jahr die Grippe", „Morgens brauche ich erst einmal einen halben Liter Kaffee zum Wachwerden". Diese Glaubenssätze steuern wiederum unsere Wahrnehmung, weil wir eben immer nach einer Bestätigung unseres bisherigen Verhaltens suchen.

Achtung – jetzt sind Sie wieder am Zug. Arbeiten Sie Ihre persönlichen Glaubenssätze heraus. Mit Hilfe der nächsten Übung geht das ganz einfach.

BRÜCKE ZUR UMSETZUNG

Entdecken Sie Ihre Glaubenssätze

Schreiben Sie Ihre 6 wichtigsten Glaubenssätze in die linke Spalte. Wobei bremsen Sie diese Glaubenssätze?

Schreiben Sie rechts daneben, welchen Glaubenssatz Sie stattdessen lieber hätten. So erfahren Sie, in welche Richtung Sie Ihre Weiterentwicklung konkret steuern können.

	Meine wichtigsten Glaubenssätze	Meine liebsten Alternativen
1.		
2.		
3.		
4.		
5.		
6.		

Diese Übung können Sie auch als Arbeitsblatt von unserer Website mdc24.com herunterladen.

Wir Menschen können also bewusst entscheiden, was wir denken wollen. Ebenso sind wir in der Lage, uns Denkverbote aufzuerlegen. Klar, dazu gehört ein großes Maß an Selbstdisziplin. Doch es lohnt sich. Denn ab sofort liegt es in Ihrem eigenen Ermessen, ob Sie über mögliche Pleiten oder lieber über künftige Erfolge nachdenken möchten. Das ist die Freiheit, die Sie haben.

Von Worten und Taten: Deckungsgleichheit muss erreicht werden

Jetzt sind wir an der Stelle angelangt, wo sich das Puzzle der Kommunikation zu einem gemeinsamen Bild zusammenfügt. Denn alles, was vorher gesagt wurde, wäre sinnlos, wenn wir uns nicht untereinander austauschten. Kommunikation ist immer sowohl Geben als auch Nehmen. Das beschränkt sich nicht allein auf Worte, Gesten, Mimik, Körpersprache – auch das Schweigen ist eine Form von Kommunikation.

Die Übereinstimmung von Worten und Taten nennen wir Stimmigkeit; Kommunikationsexperten sprechen von Authentizität. Im Sinne von Echtheit und Unverfälschtheit. Oder auch von Kongruenz. Dass dies nicht immer gegeben ist – oft auch nicht gegeben sein kann – weiß jeder von uns. Immer wieder klaffen Sprechblasen und Taten weit auseinander. Es werden Versprechen gemacht, die nichts anderes als heiße Luft sind. Dies führt dazu, dass viele Menschen mehr Wert auf Taten als auf Worte legen. Tatsächlich ist es ratsam, sich nicht zu sehr auf die Worte unseres Gegenübers zu fixieren, sondern auf seine Handlungsweisen zu achten. Gleichzeitig sollten wir uns darauf konzentrieren, Stimmigkeit zwischen unseren eigenen Worten und Taten herzustellen. Denn wer Wasser predigt und Wein trinkt, wird bald im Abseits stehen. Eben weil uns die Menschen vor allem nach unseren Taten beurteilen. Unsere Umwelt, die Menschen mit denen wir täglich zu tun haben, werden sehr schnell merken, wenn Bekenntnisse und tatsächliche Aktivitäten ständig auseinanderdriften.

Und wie sieht das bei Ihnen aus? Mit nachfolgender Übung auf der nächsten Seite können Sie prüfen, ob bei Ihnen Worte und Taten übereinstimmen.

BRÜCKE ZUR UMSETZUNG

Untersuchen Sie die Wechselwirkung Ihrer Worte und Taten

Schreiben Sie in die linke Spalte sechs Beispiele dafür, was Sie anderen Menschen über sich und Ihre Beziehungen erzählen, zum Beispiel: „Ich bin ein sehr offener und freundlicher Mensch". Schreiben Sie rechts daneben, wie Sie diese Aussagen durch Taten belegen. Und kreuzen Sie dann in den beiden äußeren Spalten an, ob Übereinstimmungen oder Abweichungen auftreten. So erhalten Sie Hinweise darauf, wo Sie Ihr Verhalten oder Ihre Aussagen anpassen können, um wirkungsvoller zu agieren.

Meine Worte	Meine Taten	Übereinstimmung	Abweichung

Diese Übung können Sie auch als Arbeitsblatt von unserer Website mdc24.com herunterladen.

Unwuchten auch einmal aushalten – oder ganz vermeiden

Wenn wir unser Potenzial effizient nutzen wollen, um schneller voranzukommen, brauchen wir ein größeres Rad. Eines mit einer größeren Speichenlänge – das ist im Leben genauso wie im Sport. Nur gelingt es uns in den wenigstens Fällen, alle Speichen gleichmäßig zu stärken und sofort auf eine Länge zu bringen. Meist werden wir uns zunächst auf eine oder zwei Speichen konzentrieren.

Arbeiten wir beispielsweise an unserer Karriere, um das Einkommen aufzubessern, forcieren wir die Speiche Finanzen. Gleichzeitig entsteht jedoch eine geringfügige Unwucht, die wir anfangs nur als kleine Unregelmäßigkeit wahrnehmen. Mag sein, dass wir auf dem Karrieretrip eine Zeit lang unsere Kinder vernachlässigen oder die sportlichen Aktivitäten schleifen lassen. Nicht so wichtig, oder? Es ist ja nur für den Übergang. Und da wir uns mit diesem Gedanken beruhigen, steuern wir erst dagegen, wenn sich die Unannehmlichkeit zu einer mittelstarken Krise ausweitet. Zum Ausgleich machen wir dann vielleicht gemeinsam Urlaub mit der Familie, was wiederum die Speiche „Menschen & Miteinander" stärkt. Oder wir melden uns im Fitness-Studio an, was die Speiche „Eigenmanagement & Organisation" positiv beeinflusst.

BRÜCKE ZUR UMSETZUNG

Betrachten Sie Ihr Lebensrad
In der folgenden Grafik auf der nächsten Seite sehen Sie vereinfacht die fünf Speichen des Lebensrades. Schätzen Sie ein, wie stark die einzelnen Bereiche in Ihrem Leben vertreten sind.

Sinn & Sein: Wie erfüllend und „sinn-voll" empfinden Sie Ihr Leben?
Eigenmanagement & Organisation: Wie gut können Sie sich organisieren und wie gesund leben Sie?
Finanzen & Sicherheit: Wie steht es um Ihre Finanzen? Fühlen Sie sich momentan finanziell abgesichert?
Menschen & Mitarbeiter: Wie ist es um Ihre familiären, freundschaftlichen und beruflichen Beziehungen bestellt?
Veränderungen & Chancen: Wie stark nutzen Sie Chancen, die sich Ihnen bieten?

Je positiver = ausgeprägter ein Bereich vertreten ist, desto weiter außen zeichnen Sie ihn im Lebensrad ein; je weniger Sie sich bisher darum gekümmert haben, desto weiter wandert der Punkt nach innen. Ziehen Sie am Ende eine kreisförmige Linie von Punkt zu Punkt:

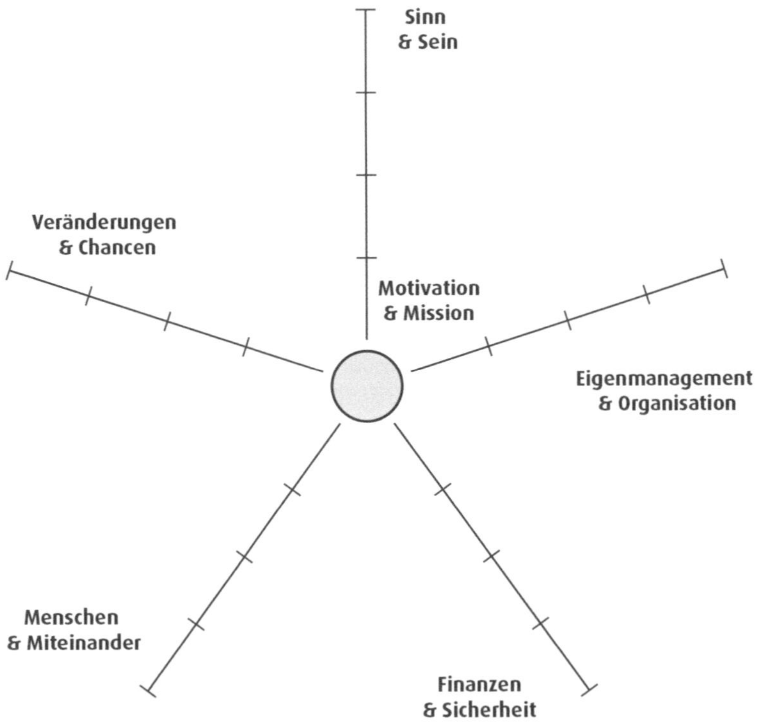

Abb. 2: Lebensrad
Quelle: eigene, vereinfachte Darstellung

Bitte wiederholen Sie diese Übung jedes Jahr einmal! So können Sie auf einen Blick sehen, wo Sie gerade stehen, wie Ihr Lebensrad rollt und worauf Sie im nächsten Jahr Ihr Augenmerk richten sollten!

So könnte ein Lebensrad aussehen, dessen Speiche „Eigenmanagement & Organisation“ zu wenig Beachtung findet und auch wenig Motivation aufweist:

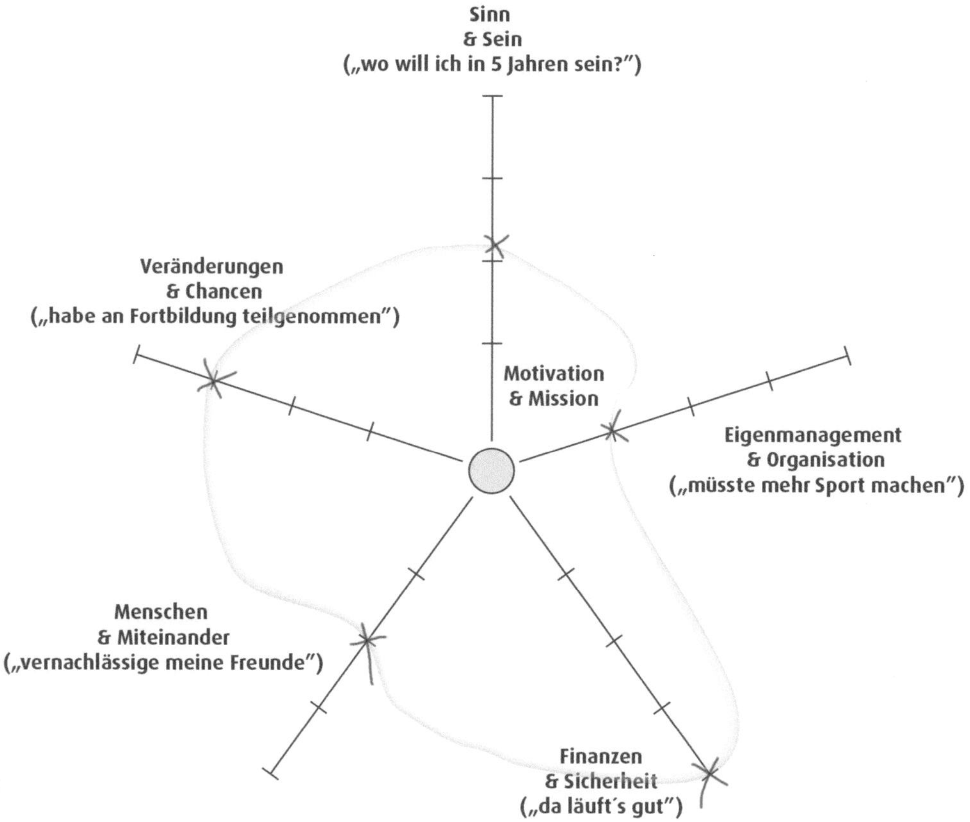

Sinn
& Sein
(„wo will ich in 5 Jahren sein?“)

Veränderungen
& Chancen
(„habe an Fortbildung teilgenommen“)

Motivation
& Mission

Eigenmanagement
& Organisation
(„müsste mehr Sport machen“)

Menschen
& Miteinander
(„vernachlässige meine Freunde“)

Finanzen
& Sicherheit
(„da läuft's gut“)

Abb. 3: Beispiel für ein persönlich ermitteltes Lebensrad eines Trainingsteilnehmers
Quelle: eigene Darstellung

Diese Übung können Sie auch als Arbeitsblatt von unserer Website mdc24.com herunterladen.

Eine vorübergehende Unwucht kann durchaus etwas Positives bewirken. Trotzdem sollten Sie sich jetzt nicht entspannt zurücklehnen. Achten Sie darauf, dass alle Speichen im Gleichgewicht bleiben. Auch wenn es zu Beginn anstrengend sein sollte: Ein regelmäßiger Rundum-Check garantiert Ihnen einen einwandfreien Lauf.

Denkanstoß:
Soll oder Haben? Sind Sie in der Fülle oder im (empfundenen) Mangel? Ist das Rad Ihrer Lebensbereiche ausgeglichen und rund oder hat eine deutliche Unwucht ... die Sie auf Dauer auch ins Ungleichgewicht, in die Disbalance, bringen wird? Überprüfen Sie Ihren Ist-Zustand jetzt – die meisten Menschen verschieben es auf später ... bis es zu spät ist.

Der einfache Weg zur Erfolgskontrolle: Das Resultat muss uns zufriedenstellen

Sie fragen sich, wie sich Ihr Erfolg an Ihrer Kommunikation messen lässt? Die Antwort ist ganz einfach: Sie kommunizieren dann erfolgreich, wenn das Ergebnis Ihrer Handlungen Ihren Erwartungen entspricht. Wenn Sie die Antwort erhalten, die Sie erwarten. Oder Ihr Kommunikationspartner handelt nach Ihren Wünschen. Erwartungen sind unsere Messlatte für Erfolg. Wird das Ergebnis verfehlt, müssen wir etwas anderes ausprobieren, unsere Erwartungen verändern oder unsere Ziele neu überdenken.

Fazit:

- Nehmen Sie die Herausforderungen des Lebens als Chance wahr.
- Versuchen Sie grundsätzlich, die Balance zu halten und regelmäßig wieder in Balance zu kommen.
- Richten Sie Ihr Interesse auf die Informationen, die Sie weiterbringen.
- Bilden Sie Ihre persönlichen Glaubenssätze.

- Bringen Sie Ihre Worte und Taten in Einklang.
- Probieren Sie bei Fehlschlägen etwas anderes aus: Fehlschläge sind Lerneinheiten des Lebens, mehr nicht. Lernen Sie, was Ihnen das Leben damit mitteilen wollte – und beschreiten Sie einen anderen Weg zum Ziel. Wenn das Ziel das richtige ist, wird sich der Weg auftun!

REFLEXION: Jetzt sind Sie dran: Denken Sie weiter

- Was erwarten Sie von sich?
- Welche Rollen haben Sie freiwillig übernommen? Welche davon powern Sie aus – und welche bringen Ihnen Energie?
- Welche Erwartungen werden von anderen an Sie herangetragen? Inwieweit funktionieren Sie in dieser Hinsicht? Ist „funktionieren" überhaupt das, was Sie möchten? Wovon können Sie sich entlasten, ohne andere unglücklich zu machen?
- Haben Sie einen Begriff von Glück und Erfolg? Wissen Sie, was Glück für Sie bedeutet? Schreiben Sie es auf – und betrachten Sie, ob Sie mit diesem Glück auch andere glücklich machen können. Denn das ist Energie, die vielfach zu Ihnen zurückströmen wird!

Speiche 1: Sinn & Sein

In diesem Kapitel werden Sie sich darüber klar, welche Werte Ihr Leben bestimmen, welcher Sinn hinter Ihrer Existenz steht. Sie denken über das Glück nach, das wir alle anstreben. Sie entdecken sich selbst als facettenreiche Persönlichkeit. Was hat Sie geprägt? Wer hat Sie beeinflusst? In sich selbst entdecken Sie das, was Sie wirklich wollen. Sie machen sich Ihre Visionen bewusst und übernehmen Verantwortung. Lernen Sie, Ihre Intuition zu entwickeln und zu nutzen. Ein gesunder Geist wohnt in einem gesunden Körper. Sie überprüfen Ihre Einstellung zum Essen und erhalten konkrete Tipps, wie Sie sich während eines langen, harten Arbeitstages gesund ernähren können. Anschließend beschäftigen Sie sich mit den Zusammenhängen von Essverhalten und Bewegung. Denn Bewegung im Alltag und Sport in der Freizeit halten Ihren Körper fit.

Die Deutschen sind mit ihrem Leben zufrieden. Das belegt der Glücksatlas 2017, den die Deutsche Post DHL mit Unterstützung des Bielefelder Meinungsforschungsinstituts Kantar Emnid erstellt hat. Das Lebensglück in Deutschland bleibt auf einem hohen Niveau und liegt 2017 bei 7,07 Punkten auf einer Skala von 0 bis 10. Neben den regionalen Unterschieden bei der Lebenszufriedenheit untersucht der Glücksatlas 2017 den Zusammenhang zwischen einer „nachhaltigen Lebensweise" und der Lebenszufriedenheit. Dabei zeigt sich, dass Menschen umso zufriedener sind, je mehr sie sich für soziale oder ökologische Belange engagieren. Knapp drei Viertel haben das Gefühl, ihr persönliches Engagement bereichere ihr eigenes Leben. (Quelle: Deutsche Post Glücksatlas 2017)

Natürlich spielt auch das eigene Einkommen eine Rolle bei der Frage nach der eigenen Lebenszufriedenheit. Menschen mit Schulden oder geringerem Einkommen sind in der Regel unzufriedener als Menschen mit höherem Einkommen – keine wirkliche Überraschung. Gleiches gilt für den Bereich Gesundheit und Wohnen bzw. Freizeit – beides wirkt sich natürlich auf unsere Lebenszufriedenheit und unser Glück aus. (Quelle: Deutsche Post Glücksatlas 2014)

Achtung – Steinschlag: Machen Sie sich auf allerhand gefasst

Wie man sein eigenes Glück, seine Lebenszufriedenheit steigern kann, bleibt in der Studie unbeantwortet – auch wenn der Atlas die Regionen anzeigt, wo die Menschen laut Studie besonders glücklich sind. Da ein Wohnungswechsel für das persönliche Glück kaum ausreichend und in den meisten Fällen sogar kontraproduktiv sein dürfte, ist Eigeninitiative gefragt. Begeben wir uns also gemeinsam auf die Spurensuche nach dem, was wir den „Sinn unserer Existenz" nennen.

„Nach dem Glück zu jagen, verjagt es auch schon." Das stellte der Wiener Psychiater Viktor E. Frankl fest. (Quelle: Frankl, Viktor E.: Der Mensch vor der Frage nach dem Sinn. Eine Auswahl aus dem Gesamtwerk. Piper, München 2005) Denn eigentlich geht es uns gar nicht darum, glücklich zu sein. Vielmehr suchen wir einen Grund dafür. Sobald dieser Grund gefunden ist, „stellt sich das Glücksgefühl von selbst ein". Das kennen Sie sicherlich auch: Haben Sie einen Arbeitsabschnitt erreicht, eine Prüfung bestanden, hat Ihr Aktiendepot einen gewissen Wert erreicht oder sich eine Entscheidung als richtig herausgestellt, dann ist genau das der Grund für das Glücksgefühl, das Sie nun empfinden. Glück würden Sie aber nicht über Dinge empfinden, die Ihnen nicht so wichtig sind, denen Sie keinen Sinn beimessen. Den Zusammenhang zeigt das Bild auf der folgenden Seite.

Fragen nach dem Sinn tauchen immer dann auf, wenn Ärger und Schwierigkeiten unser Lebensrad ins Schlingern bringen. Oft, bevor wir das Schlingern selbst bewusst wahrnehmen. Auslöser können das Alter, das soziale Umfeld, bestimmte Schlüsselerlebnisse, aber auch Krisen oder

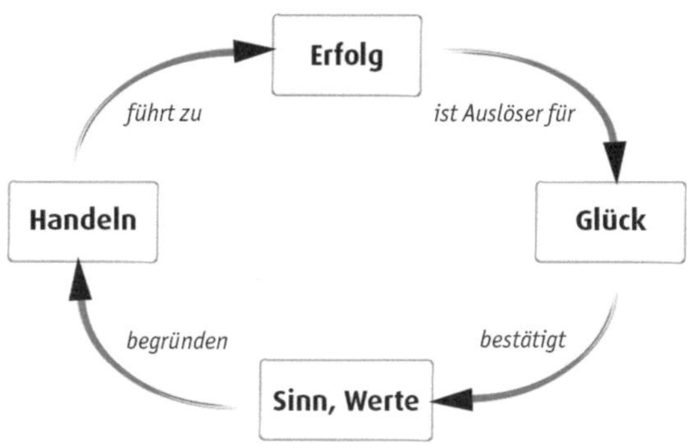

Abb. 4: Der „Glücks-Kreislauf"
Quelle: eigene Darstellung

Notsituationen sein. Doch ganz gleich, wo die Gründe zu suchen sind: Die Sehnsucht der Menschen nach einer Antwort auf die Sinnfrage des Lebens bleibt. Frankl beschreibt das Streben nach Erkenntnis anschaulich: *„Wenn der Mensch das WARUM kennt, erträgt er nahezu jedes WIE."*

Für Sie bedeutet das: Wenn Sie mit sich selbst im Reinen sind, Ihre Sinnfrage geklärt und Ihre Position gefunden haben, können Sie sich unbeschwert für neue Erfahrungen öffnen. Und bewusst das erleben, was Sie glücklich macht.

Den Sinn suchen – das Glück finden

Glück muss der Mensch haben. Danach streben wir doch schließlich alle, oder? Aber was ist das: Glück? Wie definiert man es? Wie definieren Sie es für sich? Für Ihre Familie? Ihren besten Freund? Nur wenige Menschen können auf Anhieb sagen, was das Wort Glück für sie bedeutet.

Noch weniger Antworten erhält man allerdings auf die Frage, wie man sein Glück erreichen oder erlernen kann. Wir lernen Vorteile für uns zu nutzen – aber (wie) können wir lernen, glücklich zu sein? Auf ähnliche Schwierigkeiten stoßen wir, wenn wir nach dem „allgemeinen Gesetz" suchen, wie man Freunde gewinnt oder einfach die Dinge des Lebens genießt. Stellen wir also fest: Glück bedeutet für jeden etwas anderes. Es gibt keine allgemein gültige Definition.

Denkanstoß:
Niemand kann uns beibringen, glücklich zu sein. Wir müssen es aus eigener Erfahrung lernen.

Von außen können wir also keine Hilfe bei unserer Suche erwarten. Wir sind also darauf angewiesen, aus eigener Erfahrung zu lernen und selbst auf die Suche nach unserem Glück zu gehen.

Geld macht nicht glücklich – auch arme Leute haben Spaß am Leben

Erinnern Sie sich an das Märchen vom Hans im Glück? An den jungen Mann, der seinen Goldschatz gegen ein Pferd tauschte, als ihm die Last zu schwer wurde? Das Reittier aber warf ihn ab und wurde gegen eine Kuh eingewechselt. Diese gab keine Milch – und so folgte der nächste Umtausch. Jetzt war es ein Schwein, darauf kam eine Gans, die wiederum für einen Schleif- und einen Felsstein den Besitzer wechselte. Die Steine fielen schließlich in den Brunnen, als Hans daraus Wasser trank. Erleichtert, nicht ertrunken zu sein, kam er frohgemut zu Hause an. „Ganz schön dämlich, so ein Verhalten", denken Sie jetzt wahrscheinlich. Aber Moment: Jeder Umtausch erfolgte aus dem Wunsch heraus, glücklich zu sein. Da machte es nichts aus, dass jedes Mal der materielle Wert des eingewechselten Gegenstandes geringer wurde. Das Glücksempfinden bedeutete dem Held der Grimmschen Erzählung mehr als materieller Wohlstand – sein Handeln war also nur konsequent.

Schlagen wir nun den Bogen aus der Märchenwelt in unsere Realität. Man sagt, Geld allein macht nicht glücklich. Und wenn wir ehrlich sind, ist es ja auch so: Wenn wir zu wenig Geld haben, werden wir unzufrieden, bedrücken uns Sorgen und Ängste. Viel Geld zu haben, macht jedoch nur dann glücklicher, wenn wir auch wissen, wofür wir es ausgeben wollen und wenn es dabei hilft, unsere Ziele zu erreichen.

Null Freude am Gewinn: Lotto-Millionäre haben es auch nicht leicht

Das gilt übrigens auch für Menschen, die unvorhergesehen zu viel Geld kommen. Alle Jahre wieder gehen interessante Berichte über Lotto-Könige durch die Presse (z.B. „Mit dem Lottogewinn fing das Unglück an", WAZ.de, 07.07.2009, Vom Glück (und Unglück) anderer Lotto-Millionäre", abendblatt.de, 17.12.2004, „Unglück im Glück: Hilfe, ein Lottogewinn!", faz.net, 26.09.2005, mz-web.de, 11.11.2016). Die vermeintlichen Glückspilze werden vorgestellt und nach ihrer Erfahrung mit dem Supergewinn befragt. Das Ergebnis ist immer wieder verblüffend: Das viele Geld hatte über all die Jahre kaum einen der allseits beneideten Menschen vorangebracht. Die einen hatten ihre Millionen beim Spiel verzockt, die anderen das Geld für Nonsense verprasst, wieder andere hatten genug damit zu tun, Neider oder Schnorrer abzuwimmeln und kamen nicht einmal dazu, das angekreuzte Glück richtig zu genießen. Viele starben verfrüht, einer wurde aufgrund der ständigen Belastungen an den Rand eines Nervenzusammenbruchs gebracht - am Ende hatte er sein Geld verschenkt und ist in seinen alten Job zurückgekehrt -, andere vereinsamten sozial.

Glück stellte sich (nur) bei denjenigen Lotto-Königen ein, die ihren Gewinn in ihre bisherigen Lebenspläne einbauten. Sie bezahlten ihr Eigenheim auf einen Schlag ab. Sie ermöglichten ihrem Kind den Schritt in die Selbstständigkeit. Alles, was Sie vorher angestrebt hatten, konnten sie nun etwas schneller, etwas größer, etwas perfekter, etwas leichter tun. Ihre Ziele hatten sich nicht grundlegend geändert, sie hatten nur einen stärkeren Motor für ihre Route zu ihren inneren Visionen und Zielen erhalten.

Erinnern Sie sich an das Modell vom Lebensrad: Durch den Lotto-Gewinn hat die Speiche „Finanzen & Sicherheit" mehr Gewicht bekommen. Bei den unglücklichen Lotto-Gewinnern entstand dabei eine Unwucht, die von den anderen Bereichen nicht aufgefangen werden konnte. Das Leben geriet aus dem Gleichgewicht, da die Speiche „Eigenmanagement & Organisation" den neuen Erfordernissen nicht standhielt. Der frische Reichtum konnte nicht in sinnvolle Bahnen gelenkt werden. Es kam zu massiven emotionalen und gesundheitlichen Beeinträchtigungen und letztlich verbog sich auch die Speiche „Menschen & Miteinander" unter dem Ansturm falscher Freunde.

Die Schlussfolgerung muss daher lauten: Glück ist nicht an den reinen Besitz gebunden, sondern an Situationen und Gefühle. Nicht Glanz und Glamour sind auf Dauer ausschlaggebend, sondern die kleinen Augenblicke. Augenblicke, von denen wir mit Goethes Faust sagen können: *„Verweile doch, du bist so schön."* Für den einen sind die ersten Worte seines Kindes solch ein Glücksmoment, für den anderen ein Spaziergang im Herbstwald, für den dritten ein Negativbescheid bei der ängstlich besuchten Vorsorgeuntersuchung und für Sie vielleicht die Begegnung mit Ihrer großen Liebe.

Weder treu noch käuflich: Glück – ein flatterhaftes Wesen

Auch wenn Sie solche Glücksmomente genießen, denken Sie daran: Fortuna ist ausgesprochen untreu und kann Sie ohne schlechtes Gewissen von heute auf morgen verlassen. Auch dann, wenn Sie sich aus innen heraus – also ohne äußerliche Anreize wie einen überraschenden Lotto-Gewinn – glücklich sind. Ganz gleich, wie wir für uns Glück definieren – Glück ist kein Dauergast, man kann es weder kaufen noch abonnieren.

Denkanstoß:
Von heute auf morgen können Sie ohne Vorwarnung im Wortsinne „vom Glück verlassen werden". Aber auch, wenn das „geschenkte Glück" geht, können Sie noch glücklich sein. Es kommt darauf an, wie Sie Glück und Glücklichsein für sich definieren – machen Sie sich dabei frei von äußerem Zufallsglück!

Finden Sie sich damit ab. Überlegen Sie lieber, wie Sie Glück für sich (neu und unzerstörbar) definieren. Wann Sie glücklich sind – und warum. Woher genau soll bei Ihnen das innere Glück kommen?
Sie ahnen es: Jetzt wird es kompliziert. Denn das eigene Ich ist ein mys-

teriöses, weitgehend unerforschtes Gelände. Haben Sie Lust, diese Terra incognita zu entdecken? Dann begleiten Sie uns weiter auf der Suche nach dem Sinn des Lebens, um am Ende des Weges die Quelle Ihres Glücks zu entdecken.

‚Du lieber Gott' – Nehmen wir uns ein himmlisches Beispiel

Wenden wir uns zunächst einmal einer höheren Instanz zu. Wie die Legende erzählt, fragte ein Mensch eines Tages den lieben Gott, wo denn der Sinn des Lebens zu suchen sei. Gott schickte den Erdenbürger daraufhin auf die höchsten Erhebungen und in die tiefsten Abgründe der Welt. Doch vergeblich. Der Mensch fand – nichts. Mutlos kehrte er an den Platz zurück, wo er den Herrgott getroffen hatte. In einer Inschrift auf einem Felsen war dort zu lesen: „Um den Sinn deines Lebens zu finden, musst du dich auf die höchsten Höhen und in die tiefsten Tiefen deiner Welt begeben und suchen – in dir selbst!"
Die Interpretation des göttlichen Ratschlags fällt nicht schwer: Wir müssen die Antworten auf die Basis-Fragen unseres Lebens nicht in weiter Ferne, in extremen Situationen oder bei anderen Menschen suchen – die Antworten liegen in uns selbst. Allerdings scheint es so, dass wir zunächst einige Höhen und Tiefen des Lebens erlebt haben müssen.
Dies deckt sich mit der Erfahrung, dass die Frage nach dem Sinn häufig während der so genannten „Midlife-Crisis" eine dominierende Rolle einnimmt.

Werfen Sie also einen tiefen Blick nach innen. Mit der Erkenntnis, dass eine befriedigende Antwort nach dem Sinn des Seins eine Quelle sein kann, die uns mit Leistungsstärke und Ausdauer versorgt. Wichtige Voraussetzungen, um erfolgreich und glücklich zu sein.

Ganz Sie selbst – in allen Facetten

Heute so – morgen anders: Der Mensch hat viele Identitäten. Das menschliche Ego lässt sich nicht in vorgefertigte Kästchen stecken mit Auf-

schriften wie „Romantischer Träumer", „Mutiger Draufgänger" oder „Ungeduldiger Workaholic". Jeder Mensch besteht aus vielfältigen Facetten, die situationsbedingt mal mehr, mal weniger zu Tage treten. Einen großen Anteil an der individuellen Persönlichkeit hat unser Unterbewusstsein, das viele Denkmuster und Handlungsweisen beeinflusst – wenn nicht sogar bestimmt.

Es ist sehr schwierig, das Unbewusste im Menschen durch direktes Befragen aufzudecken. Oft finden wir nur heraus, dass wir nicht wissen, was wir wollen. Erstaunlich vielen Menschen geht es so. Ihnen ist überhaupt nicht bewusst, was sie wirklich mit ihrem Leben anfangen möchten. Höchstens zwanzig Prozent haben eine Vorstellung davon, wer sie sind und wie ihr weiteres Leben aussehen soll oder könnte.

Denkanstoß:
Die meisten Menschen wissen nicht, was sie wollen. Und können daher nur wenig mit ihrem Leben anfangen. Denn ohne Wollen kein Ziel. Nur zu wissen, was man nicht will, ist zu wenig!

Wer bin ich? Die Frage nach der eigenen Identität mündet häufig in ein Rollenspiel. Denn jeder hat in seinem Leben viele verschiedene Aufgaben, die zu erfüllen sind. Denken Sie an Ihre persönliche Situation: Manchmal sind Sie als Elternteil gefordert, ein anderes Mal als Sohn oder Tochter, als Partner, morgen vielleicht als Vorgesetzter, Mitarbeiter, Sportskamerad oder Beifahrer. Ihre Identitäten ändern sich mit der jeweiligen Situation und der Rolle, die Sie für Ihr Gegenüber einnehmen.

Eine unverwechselbare Persönlichkeit: Der Mensch bleibt sich selber treu

Es gibt in unserer Identität aber auch ein stabiles Element. Diese Komponente sorgt dafür, dass wir zu jeder Zeit etwas ganz genau wissen: unsere Persönlichkeit. Bei aller Veränderung, bei allen Anforderungen von außen und allen unterschiedlichen Rollen, die wir einnehmen –

unsere Persönlichkeit bleibt. Und damit sind wir immer noch dieselben. Im Laufe von sieben Jahren werden sämtliche Zellen des Körpers erneuert. Das bedeutet: Keine Zelle Ihres Körpers ist mehr dieselbe wie sieben Jahre zuvor. Und trotzdem erkennen wir uns jeden Morgen im Spiegel wieder. Trotzdem besteht kein Zweifel, dass wir tatsächlich wir sind. Ähnlich ist es mit unserer Persönlichkeit, die sich im Laufe der Jahre weiterentwickelt, sich in ihren Grundfesten trotzdem nicht ändert.

Die Weiterentwicklung, das Wachsen des stabilen Elements Persönlichkeit, zeigt sich unter anderem in den Rollen, die wir ausfüllen und dem Stellenwert, den wir diesen Rollen geben.
Dieser Stellenwert lässt sich häufig daran ablesen, wie jemand kommuniziert. Es ist ein Unterschied, ob jemand sagt „Ich bin ein Verkäufer" oder „Ich verkaufe". Ob jemand „Kinder hat" oder „Vater ist". Ob jemand „Sport treibt" oder „Marathonläufer ist". Jeder Mensch findet seine Identität in dem Bereich seines Lebens, mit dem er sich identifiziert.

Mit welchem Bereich Ihres Lebens identifizieren Sie sich? Wozu sagen Sie: „Ich bin ..."? Die Antwort auf die Frage „Wer bin ich?" bringt uns schließlich näher an den Sinn unseres Lebens. Damit haben Sie einen wichtigen Meilenstein auf dem Weg zum Glücklich sein erreicht.

Denkanstoß:
Trotz der zahlreichen Rollen, die Sie im Alltag spielen, bewahren Sie Ihre ganz persönliche Identität.

Wo kommen Sie her – wo gehen Sie hin?

Jeder von uns versucht, die Persönlichkeit anderer Menschen einschätzen zu können. Wir wollen wissen, mit wem wir es zu tun haben. Und um das Herauszufinden, achten wir auf die Verhaltensweisen unseres Gegenübers. Denn das, was der Betreffende tut oder nicht tut, ist ein Charakteristikum, das zu seinem typischen Persönlichkeitsbild gehört.

Dabei wissen wir: Das jeweilige Verhalten eines Menschen steht im direkten Zusammenhang mit dem Umfeld, in dem er sich gerade bewegt. Beispielsweise ist das lautstarke Schreien auf einem Fußballfeld durchaus angebracht; in einer Kirche während der Messe absolut tabu.

Darüber hinaus ergibt sich aber noch eine weitere Verbindung: Äußere Einflüsse helfen dem Menschen, Fähigkeiten herauszubilden, die er allein möglicherweise nie entdeckt hätte. Dies können zum Beispiel Vorbilder sein, auf die er bei Gelegenheit trifft.

Später, im Kapitel „Menschen & Mitarbeiter", gehen wir darauf ein, wie Sie gezielt von anderen lernen können. Hier geht es um Vorbilder, die Ihr Leben begleiten. Vielleicht haben Sie sich das noch nie klargemacht: Diese Vorbilder repräsentieren Werte. Machen Sie sich diese Werte in der nächsten Übung bewusst.

BRÜCKE ZUR UMSETZUNG

Vorbilder und Werte

Rufen Sie sich Ihre Vorbilder ins Gedächtnis. Was hat Sie an diesen Menschen besonders beeindruckt? Was bedeuten diese Eigenschaften für Sie?

Meine Vorbilder	Diese Eigenschaften haben mich besonders beeindruckt	So habe ich sie in mein Leben eingebaut

Diese Übung können Sie auch als Arbeitsblatt von unserer Website mdc24.com herunterladen.

Prägung durch das Umfeld: Nachahmen bringt uns weiter

Jedes Mal, wenn Sie sich von einem Menschen beeinflussen lassen, nehmen Sie unmerklich dessen Werte auf. So optimieren Sie Ihre eigenen Stärken. Sie probieren etwas Neues aus, Ihr Handlungsspielraum vergrößert sich. Sie erweitern Ihre Fähigkeiten und gewinnen darüber hinaus neue hinzu. Damit stehen Ihnen mehr Möglichkeiten zur Verfügung, um Ihre Ziele zu verwirklichen.

Aus der Summe dieser Fähigkeiten entstehen – bestätigt durch immer gleichartige Erfahrungen in einer bestimmten Situation – wiederum persönliche Glaubenssätze. Durch die stetige Wiederholung der einmal gemachten Erfahrungen werden diese Glaubenssätze zum konstanten Bestandteil der Denkweise und festigen sich im Laufe der Zeit zu Wertvorstellungen. Diese Wertvorstellungen sind die Unterscheidungsmerkmale, nach denen wir Urteile fällen.

Zurück in die Kindheit: ein aufschlussreiches Erlebnis

Um sich Klarheit über das Ergebnis dieses Prozesses zu verschaffen, kann ein gedanklicher Abstecher in Ihre Kindheit hilfreich sein. Denn viele Glaubenssätze und Wertvorstellungen des Menschen werden bereits in jungen Jahren festgelegt und halten sich bis ins Erwachsenenalter –

Sie erinnern sich doch noch an die Episode mit dem schmutzigen Kleid, oder?

BRÜCKE ZUR UMSETZUNG

Zurück in die Kindheit
Stellen Sie sich vor, Sie wären ein Kind in einem Spielzeugladen. Konzentrieren Sie sich auf dieses Szenario. Schließen Sie – nachdem Sie diesen Abschnitt gelesen haben – die Augen und nehmen Sie alles um sich herum sinnlich wahr. Das Geschäft, das Spielzeug und sich selbst in diesem Kinderparadies. Was gibt es dort zu sehen? Was zu hören? Welche Worte und Geräusche? Ist es laut oder leise? Was empfinden Sie im Moment? Wie fühlt es sich an, wenn Sie die Spielsachen berühren? Wie riecht es in dem Geschäft? Haben Sie sogar einen speziellen Geschmack auf der Zunge, der typisch für diese Situation ist?

Während Sie sich all dieser Empfindungen bewusst werden, wenden Sie sich auch der eigenen Person zu. Fragen Sie sich, was für ein Kind Sie sind. Wonach suchen Sie in diesem Laden? Welche Spielsachen interessieren Sie und welche schauen Sie sich näher an, aber ohne sie zu kaufen? Mit welchen beschäftigten Sie sich am intensivsten? Fragen Sie sich auch, ob Sie das Spielzeug mit nach Hause nehmen dürfen. Und ob morgen vielleicht noch mehr interessante Dinge für Sie da sein werden.

Nun überlegen Sie, was Sie verändern würden, um das Geschäft noch schöner zu machen. Was könnten Sie tun, damit Ihnen der Laden wirklich gut gefällt? Würde Ihnen der Eigentümer überhaupt erlauben, das, was Sie sich eben ausgedacht haben, auch zu tun? Wie ist der Name des Geschäfts? Und wie heißen Sie? Vergleichen Sie Ihre Eindrücke anschließend mit Ihren Erfahrungen in der Erwachsenenwelt. Wo finden Sie Verbindungen? Worin haben Sie sich seither verändert? Was fällt Ihnen dabei auf?

Durch diesen Rückblick erkennen Sie, dass Ihr Ich bereits in der Kindheit stark ausgeprägt war. Vielleicht hilft Ihnen diese Erkenntnis, viele Ihrer heutigen Reaktionen und Denkweisen besser einzuordnen und zu verstehen.

Diese Übung können Sie auch als Arbeitsblatt von unserer Website mdc24.com herunterladen.

Denkanstoß:
Die Wurzeln zahlreicher menschlicher Anlagen führen zurück in die

Kindheit. Wer sich dessen bewusst ist, wird mit seinen Verhaltensweisen als Erwachsener besser zurechtkommen.

Noch aufschlussreicher wird das Ganze, wenn Sie aus Ihren Kindheitserfahrungen die Parallele zur Gegenwart ziehen. Was erkennen Sie aus Ihrem Erwachsenen-Dasein wieder? Wie erklären Sie sich, warum Sie gerade jenes Spielzeug ausgewählt und die anderen liegen gelassen haben? Bei dieser Reflexion entdecken Sie, wo Ihre wahren Interessen liegen und welche Ihrer Vorhaben Sie möglicherweise unbewusst sabotiert haben.

Mein Rat: Schenken Sie dem Kind in Ihnen künftig mehr Gehör. Dann gelingt es Ihnen, den Verstand ein wenig zur Seite zu schieben und stattdessen Ihrer Intuition freien Lauf zu lassen. Und Sie erfahren viele Einzelheiten über sich, die Ihnen sonst entgangen wären.

Entdecken Sie Ihre Visionen: Jeder hat seine bestimmte Mission

Nach dem Blick ins Innere richten wir unsere Aufmerksamkeit jetzt wieder nach außen.

Viele Menschen meinen, ohne irgendwelche Aufgaben vor sich hinleben zu können. Das ist ein Irrtum. Denn jeder hat seine Mission, die dem eigenen Schaffen erst einen Sinn gibt. Sobald wir Aufschluss über die Aufgaben erhalten, die das Schicksal für uns bereithält, wird unser Leben einen unglaublichen Schub bekommen. Denn stehen die Ziele erst fest, entstehen Motivation und Aktionsbereitschaft von selbst. Sind die Ziele erreicht, stellen sich Stolz, Freude und Befriedigung ein. Glückshormone werden ausgeschüttet; Sie fühlen sich rundum zufrieden.

Denkanstoß:
Wer seine Aufgaben im Leben kennt, wird engagiert seine Ziele verfolgen. Denn dann verfügt er über die Motivation, für seine persönliche Mission ganzen Einsatz zu bringen.

Aus diesem Grund ist es ungeheuer wichtig, eine deutliche Vision zu besitzen und die persönliche Marschrichtung zu kennen. Und noch etwas: Visionen erfüllen keinen Selbstzweck. Sie liefern uns die Orientierung, damit wir unsere Entscheidungen fundiert und zielgerichtet treffen können. Und gehören damit zu den Lebensgehilfen, die uns dabei unterstützen, unser Leben zu meistern.

Möchten Sie wissen, wie es um Ihre Visionen bestellt ist? Dann machen Sie Folgendes: Schreiben Sie einen Monat lang täglich auf, was Sie interessiert. Das können eigene Ideen oder Aktivitäten anderer sein, von denen Sie sich inspiriert fühlen. Schneiden Sie Zeitungsartikel oder Bilder aus, die Ihnen aufgefallen sind und kleben Sie diese ebenfalls in Ihr „Visions-Tagebuch“. Sobald die vier Wochen um sind, gehen Sie das Ganze noch einmal sorgfältig durch. Bei dieser Gelegenheit versuchen Sie, die darin enthaltenen Informationen zu interpretieren. Und zwar spontan, ohne lange nachzudenken. Tragen Sie alle Details wie bei einem Puzzle zusammen und erkennen Sie nach und nach, welche Muster und Richtungen entstehen. Dieses Bild gibt Ihnen Auskunft darüber, wo Ihre Mission liegt.

Denkanstoß:
Visionen sind das Fundament unserer Ziele. Gleichzeitig dienen sie als Wegweiser für unsere Entscheidungsfindung.

Mithilfe der folgenden Übung können Sie ein konkretes Bild Ihrer Vision schaffen. Legen Sie einen Stift bereit, denn jetzt wird gemalt.

BRÜCKE ZUR UMSETZUNG

Bringen Sie Ihre Vision zu Papier
Malen Sie ein Bild davon, wie Sie sich in der Zukunft vorstellen.
Wählen Sie einen Zeitraum von 5, 10, oder 20 Jahren. Dabei kommt es nicht darauf an, dass Ihre Vision bereits in allen Details klar ist. Wichtig ist, dass Sie beginnen und es immer wieder tun – mindestens einmal im Jahr.

Sie werden erleben, wie sich ihre Visionen weiterentwickelt und Ihnen Motivation und Orientierungshilfe gibt. Nehmen Sie sich ein möglichst großes Stück Papier für Ihre erste Skizze.

Diese Übung können Sie auch als Arbeitsblatt von unserer Website mdc24.com herunterladen.

Ganz Ohr für sich selbst – Sie wissen mehr als Sie denken

Bisher haben wir uns sehr vom Kopf aus gesteuert unserer Vision genähert. Jetzt wollen wir auch andere Möglichkeiten mit einbeziehen.

Haben Sie sich schon einmal erfolgreiche Menschen genauer angeschaut? Dann haben Sie vielleicht festgestellt, dass Top-Manager nicht nur kopfgesteuert sind. Im Gegenteil: Viele Top-Unternehmer treffen ihre beruflichen Entscheidungen nicht nur auf dem Weg der Ratio, sondern „aus dem Bauch heraus", rein intuitiv. Kennen Sie das auch, dass eine innere Stimme Ihnen sagt, was zu tun ist? Oder dass Sie ein komisches Gefühl bei einer Entscheidung warnt?

Lautet die Erfolgsformel demnach: Gefühlsmäßige Bewältigung von komplizierten Situationen statt rationaler Lösungen? Die Antwort ist nicht so einfach. Die Intuition hilft uns, sämtliche Wahrnehmungen, Erklärungen und Deutungen als Teil eines Lernprozesses effektiver zu begreifen und aufzuschlüsseln als dies der Verstand allein kann. Aus diesem Grund ist es oft ratsam, auf die innere Stimme zu hören und intuitiv zu reagieren. Wie ein Fußballer, der den Ball mit untrüglichem Instinkt ins Tor schießt. Glück gehabt, heißt es dann. Aber so einfach ist es natürlich nicht. Trotzdem: Intuition ist ein wichtiger Baustein, mit dessen Unterstützung dem Menschen große Würfe gelingen – auch Dinge, die auf den ersten Blick unmöglich erscheinen.

Wollen Sie wissen, wie es um Ihren aktuellen Zugang zu Ihrer Intuition steht? In der nächsten Übung finden Sie es heraus.

BRÜCKE ZUR UMSETZUNG

Erfahren Sie, welche Werte Ihr Leben bestimmen
Beantworten Sie bitte zunächst die folgenden vier Fragen mit jeweils einem Satz.

Was ist Ihnen wichtig?

....

....

Woran glauben Sie?

....

....

Was sollen andere Menschen über Sie sagen?

....

....

Was würden Sie tun, wenn Sie nur noch eine Stunde zu leben hätten?

....

....

Diese Übung können Sie auch als Arbeitsblatt von unserer Website mdc24.com herunterladen.

Das Leben in eigener Regie – mit allen Konsequenzen

Lassen Sie uns ein weiteres Thema ansprechen, das später in Kapitel 3 noch detaillierter beschrieben wird.
Dank der vorausgegangenen Übungen haben Sie sich Klarheit über sich selbst, über Ihr Tun und Ihre Vorstellungen verschafft. Dieses Wissen führt zum nächsten Meilenstein auf dem eingeschlagenen Weg ins Glück: der Verantwortung.

Nur derjenige, der verantwortlich handelt und sein Leben aktiv bestimmt, ist in der Lage, wirkliches Glück zu empfinden. Lassen Sie sich nicht das Heft des Handelns aus der Hand nehmen. Werden Sie nicht zum Spielball diffuser Kräfte. Denn dann laufen Sie Gefahr, den Sinn Ihres Lebens vergeblich zu suchen. Deshalb treffen Sie Ihre Entscheidungen und seien Sie bereit, mit den Konsequenzen zu leben. Auch wenn diese unangenehm sein sollten.

Die Bereitschaft, das Leben in die eigene Hand zu nehmen, verlangt jedem von uns unbestritten eine Menge ab. Sie bestimmen selbst, ob Sie Applaus bekommen oder ausgepfiffen werden. Was wollen wir Ihnen damit sagen? Nun – wenn jemand ständig über sein Pech stöhnt, ist er sich wahrscheinlich nicht klar darüber, dass er sich selbst für diese Jammer-Haltung entschieden hat. Seine Empfindungen entsprechen jedoch keineswegs einer objektiven Wahrheit, die es ohnehin nicht gibt. Andere Menschen schätzen seine Situation als völlig normal oder zumindest als nicht allzu tragisch ein. Häufig entpuppen sich solche Leidensgeschichten nämlich gerade als geschickte Abwehrmanöver, die der Verstand initiiert. Mit der Absicht, die Übernahme von Verantwortung zu verhindern.

Anders ausgedrückt: Unser Verstand will uns nur vor den Konsequenzen, nämlich schlechten Gefühlen, schützen. Deshalb zwingt er uns manchmal eine Haltung auf, die wir normalerweise gar nicht einnehmen würden. Parallel dazu entwickeln sich entsprechende Gefühle, die dieser Haltung auch emotional Rückendeckung geben.

Beispiel: Sie haben sich etwas vorgenommen, sind aber aus welchen Gründen auch immer gescheitert. Dieses Versagen will sich Ihr Verstand jedoch nicht eingestehen, weil er Sie vor den damit verbundenen Selbstzweifeln schonen will. Was tut er stattdessen? Er versetzt Sie in die Haltung eines Unglücksraben. Und liefert gleich dazu die passenden Entschuldigungen. Der Zug hatte Verspätung, deshalb ist der Termin geplatzt; die Kollegen haben schlecht über mich geredet, deshalb bin ich nicht befördert worden; alle sind gegen mich, deshalb bekomme ich nie eine Chance.

Auch Ihre Gefühle sind typisch für einen Pechvogel: Ich bin nichts wert, ich fühle mich klein und unbedeutend, ich werde vom Schicksal vernachlässigt. In Wahrheit aber ist alles ganz anders: Sie haben einen Fehler gemacht, daraufhin ist Ihre Planung nicht aufgegangen, Ihr Ziel wurde verfehlt. Das aber wollen Sie, da Ihr Kopf Sie hier steuert, um keinen Preis zugeben. Also drücken Sie sich vor der Verantwortung und flüchten lieber in eine unangebrachte, falsche Märtyrerhaltung.

Stellen wir fest: Solange wir an unserer Opferrolle festhalten, zwingen wir unseren Verstand, unangebrachte Haltungen – mit ebenso falschen Gefühlen im Schlepptau – einzunehmen. Deshalb der Rat: Stehen Sie zu dem, was passiert. Das Leben ist das, was Sie daraus machen. Punktum. Wer Verantwortung für das eigene Tun übernimmt, handelt so, wie er muss. Weil er es sich selbst gegenüber schuldig ist.

Denkanstoß:
Akzeptieren Sie Ihr Leben so, wie es ist. Denn Sie entscheiden, was daraus wird.

Rein intuitiv gehandelt: Das Richtige tun im rechten Augenblick

Einige Seiten zuvor, als es um die instinktiven Bauchentscheidungen ging, haben wir das Thema Intuition bereits gestreift. Jetzt wollen wir uns einmal ausführlich mit diesem Phänomen beschäftigen.

Obwohl die verstandesmäßige Komponente unbestritten eine große Bedeutung für das Verhalten hat, gibt es im Unterbewusstsein andere Elemente, die auf den Menschen einwirken und ihn bei seinen Entscheidungen leiten. Wenn Sie beispielsweise den tieferen Sinn der Dinge detailliert erfassen wollen, brauchen Sie einen Schlüssel. Die Intuition ist solch ein Türöffner.

Für den Begriff Intuition gibt es vielfältige Erklärungen. Goethe spricht von einer Offenbarung, die sich aus dem inneren Menschen entwickelt. C.G. Jung versteht darunter eine Art instinktiven Begreifens. Beide Definitionen laufen auf das Gleiche hinaus: Die Erkenntnis, dass es möglich ist, etwas zu verstehen, ohne das Wie und das Warum erklären zu können.

Denkanstoß:
Wer spontan seiner Intuition folgt, trifft in den meisten Fällen eine richtige Entscheidung.

Ob wir nun Begriffe wie Sensibilität, Einfühlungsvermögen, Ahnung oder unbewusste Wahrnehmung verwenden, bleibt eigentlich unerheblich. Wenn wir spüren, dass etwas in der Luft liegt, springt plötzlich der intuitive Funke über. Meist unerwartet, aber dennoch im richtigen Moment. Intuition ist eine natürliche Fähigkeit, die bei typischen Kopfmenschen weniger ausgeprägt sein kann als bei Gefühlsmenschen. Sie fungiert als Schlüsselelement bei Entdeckungen und Entscheidungen im täglichen Leben. Oftmals mit erfolgreichem Ausgang. Wenn Sie spontan einer Intuition folgen, handeln Sie in dem meisten Fällen mit Fortune.

Dabei hat Intuition eine äußerst positive Eigenschaft: Sie kommt uns meist dann zu Hilfe, wenn wir es längst aufgegeben haben, ein Problem lösen zu wollen. Im Umkehrschluss heißt das: Intuition kann nicht erzwungen werden. Meist meldet sie sich erst dann, wenn wir an etwas völlig anderes denken.

Bedauerlicherweise ist nun nicht jede spontane Eingebung gleich schon eine Intuition. Oft sind es auch gelernte Äußerungen oder Glaubenssätze anderer Menschen, die sich auf diese Art bei uns melden. Das macht das Erkennen schwer. Die Beschäftigung mit Ihren kreativen Ideen kann Ihnen aber helfen, zwischen Beeinflussung und Intuition zu unterscheiden. Ebenso bringt es Sie weiter, Potenziale freizusetzen und zu aktivieren. Dann werden Sie Ihre Entscheidungen künftig nicht allein auf der Basis von Fakten fällen, sondern mit ganzer Überzeugung. Schließlich stehen Ihnen jetzt nicht nur die Grundwerkzeuge Denken, Analyse und Planung zur Verfügung, sondern als zusätzliches Instrument weist die Intuition den Weg zur richtigen Entscheidung.

Gefühl schlägt Verstand: Die Zukunft eröffnet neue Möglichkeiten

Zukunftsforscher sind sich einig: Mittelfristig wird der Verstand seine dominante Rolle in der Entscheidungsfindung zugunsten gefühlsorientierter Faktoren einbüßen. Willkommen in einer Welt, in der die globalen Grundsatzbeschlüsse nicht mehr von Zahlen, Computern und Börsenkursen bestimmt werden, sondern von Intuitions-Spezialisten mit Weitblick. Doch noch sind wir nicht soweit.

Für Albert Einstein war die Intuition das, was wirklich zählte. Weil sie den Menschen in die Lage versetzt, jede Situation voll auszuschöpfen. Wer aber weiß schon, wie er diese Möglichkeiten am besten nutzen kann? Vielleicht fragen Sie sich jetzt: Wie kann ich durch Intuition schneller zum Erfolg kommen? Was muss ich tun, um meine Weiterentwicklung zu fördern? Wie kann ich mich selber motivieren, die Erkenntnisse praktisch umzusetzen? Und welche Perspektiven ergeben sich daraus?

Nähern wir uns diesen Fragen ganz nüchtern. Sobald Sie wissen, wie Sie Ihr inneres Reservoir anzapfen können, werden Sie Ihre Intuition entdecken. Sie werden zur rechten Zeit am richtigen Ort das Richtige sagen, tun und bewirken. Sie wissen dann genau, wann es Zeit ist, aktiv zu werden. Dazu haben Sie die Übung „Bringen Sie Ihre Vision zu Papier" trainiert. Sie werden sehen: Auch Sie können Ihre Intuition entdecken und trainieren. Entfalten Sie Ihre Fähigkeiten, werden Sie die Persönlichkeit, die Sie wirklich sind. Lassen Sie Ihrer Intuition freien Lauf. Und Sie können sicher sein: Es gibt mehr wahrzunehmen und zu verstehen, als Sie bisher geglaubt haben. Auf einmal bekommen Sie ein Gespür für das Glück, das irgendwo auf Sie wartet und an dem Sie sonst achtlos vorbeigehen würden.

Sie haben nie gelernt, auf Ihr Selbst zu vertrauen und der inneren Wahrheit zu folgen? Dann holen Sie das jetzt nach! Jeder kann lernen, jeder kann Vergessenes neu aktivieren. Folgen Sie Ihrer Intuition auch dann, wenn Sie zurzeit noch Zweifel haben. Sie werden die Erfahrung machen: Ihre Intuition hat immer Recht. Jeder Tag bringt neue Chancen, Ihre Intuition zu fördern und zu trainieren: Wie schnell fahren Sie gerade mit dem Auto? Wie spät mag es sein? Was macht mein Gesprächspartner wohl beruflich? Geht diese Beziehung gut aus? Wer mag am Telefon sein? Erspüren Sie es, erahnen Sie es! Wenn Sie jetzt denken: Auch Logik und Verstand führen zu einem richtigen Entschluss. Damit haben Sie natürlich Recht. Der Vorteil der intuitiven Entscheidung liegt in der Schnelligkeit und der umfassenden Einbeziehung aller Einflussfaktoren.

Begießen, düngen, pflegen: Ärmel hochkrempeln für die Gartenarbeit

Um wachsen zu können, benötigt jede Pflanze bestimmte Voraussetzungen. Dem zarten Pflänzchen Intuition geht es nicht anders. Es braucht eine Menge mentaler Gartenarbeit zum Gedeihen. Wie gut die Entwicklung fortschreitet, liegt nicht zuletzt an Ihrer Einstellung, Ihren Gedanken und Vorurteilen.

Prüfen Sie, welche Einstellung Sie zur Intuition haben. Sind Sie skeptisch gegenüber Ihrer inneren Stimme? Werden Sie misstrauisch, wenn Sie sich auf Gefühle verlassen sollen? Dann ergibt es Sinn, sich Ihre Einstellung genauer anzuschauen oder nach Glaubenssätzen zu suchen, die Ihre Intuition ausbremsen. Lernen Sie, die Intuition und ihre Wirkung zu akzeptieren. Probieren Sie es erst einmal aus. Vielleicht für eine Woche oder zwei. Ab drei Wochen haben Sie die Chance, dass intuitive Entscheidungen zu einer neuen Gewohnheit werden. Lassen Sie Ihre Intuition einfach zu! Bekennen Sie sich zur Spontaneität. Verabschieden Sie sich von dem Gedanken, dass nur gut sein kann, was auch vernünftig ist. Seien Sie ganz Sie selbst, und Sie werden sich wundern, wie viel Spaß das Leben machen kann. Denn jetzt sind Sie auf dem besten Weg zum persönlichen Glückserfolg.

Genau zu diesem Ergebnis kam der Anthropologe Rolf Schirm (u.a. „Evolution der Persönlichkeit“, 2011). Er fragte führende Persönlichkeiten, weshalb manche Menschen erfolgreicher sind als andere. Seine Erkenntnis: Menschen, die Erfolg haben, sind ganz sie selbst.

Ganz entscheidend ist jetzt für Sie, sich zu öffnen und Ihre Zweifel über Bord zu werfen. Von wegen „Das kann ich nicht!“ Geben Sie Ihrer Intuition eine Chance. Sie werden sehen, welche Wohltat dies für Ihr Selbstbewusstsein ist!

Folgen Sie Ihrer inneren Stimme – und Ihr Problem ist gelöst

Nicht von ungefähr gelten intuitive Menschen als selbstbewusst, unabhängig und von Grund auf positiv eingestimmt. Sie sind offen und flexibel, lassen sich nicht in Regeln und Vorschriften pressen. Und: Sie haben keinerlei Angst vor Veränderungen. Wenn auch Sie bald zu diesem Kreis gehören möchten, habe ich folgenden Rat für Sie: Glauben Sie daran, dass Ihre Intuition die ideale Lösung für Ihre Probleme und Ihren Lebensweg findet. Folgen Sie ihr, und das Glück lässt nicht mehr lange auf sich warten.

Intuition ist das probate Mittel, um sich selbst zu beraten, zu steuern und zu lenken. Sie hilft Ihnen, Gegenwart und Zukunft optimistisch zu sehen. Kurzum: Das Leben zu genießen.

Um intuitiv handeln zu können, benötigen Sie einen guten Kontakt zu Ihrer Gefühlsebene. Voraussetzung dafür ist, dass Sie Ihre eigenen Gefühle wahrnehmen. Diese Fähigkeit können Sie trainieren, indem Sie sich drei- bis fünfmal täglich bewusstmachen, was Sie fühlen. Atmen Sie dabei tief ein und aus. Gehen Sie bei jedem Einatmen mit Ihrer Aufmerksamkeit weiter nach innen und lassen Sie mit jedem Ausatmen ein Stück mehr los von der Außenwelt. Versenken Sie sich ganz in Ihre Empfindungen, um Sie zu benennen und notieren zu können.

Auch wenn Sie künftig eine Entscheidung treffen, sollten Sie darauf achten und aufschreiben, was Sie dabei fühlen. Und nun kommt es darauf an, Ihren vom Verstand her gefassten Entschluss mit Ihrem Gefühl abzugleichen. Überlegen Sie sich, wie Sie in derselben Situation aus dem Bauch heraus entscheiden würden. Dann vergleichen Sie beide Entscheidungen in ihren möglichen Auswirkungen. Auf diese Weise bekommen Sie ein feineres Gespür für die Abläufe auf Ihrer Gefühlsebene und öffnen sich für Ihre intuitiven Eigenschaften.

BRÜCKE ZUR UMSETZUNG

Trainieren Sie Ihre Intuition
Sie können Ihre Intuition trainieren, indem Sie sich Ihre spontanen Impulse immer wieder bewusstmachen und sie mit den tatsächlichen Ereignissen vergleichen. Notieren Sie abends Ihre Beobachtungen. Je länger Sie Ihre Intuition bewusst analysieren, desto sicherer wird Ihr Urteil werden.

Welche spontanen Impulse habe ich heute wahrgenommen?

....

Wie habe ich sie wahrgenommen? (Innere Stimme, Gefühl im Bauch, Klarheit, etc.)

....

Habe ich danach entschieden?

....

Hatte die Intuition recht?

....

Diese Übung können Sie auch als Arbeitsblatt von unserer Website mdc24.com herunterladen.

Ein paar Tage nur für mich: entspannt zu neuen Ufern

Der Sinn des Lebens stellt sich nicht über Nacht ein. In unserem kleinen „himmlischen Beispiel" musste der Mensch auch erst in den tiefsten Tiefen und auf den höchsten Höhen danach suchen. Wir müssen begreifen, dass die Erkenntnis ein langwieriger Prozess ist. Immer wieder unterbrochen von Phasen des Innehaltens und Stillwerdens, in denen der Mensch aus dem Kreislauf des Alltags aussteigt. In diesen Momenten – wir nennen sie „Bergtage" – kann sich alles setzen, was wir in der täglichen Hektik erleben. Selbst wenn es manchmal nur Stunden oder gar Minuten sind, in denen wir zur Ruhe kommen, bringt uns diese Selbstbesinnung weiter. Denn durch die Verinnerlichung des Erlebten wird unsere Intuition gestärkt und gefördert.

Denkanstoß:
Schalten Sie einfach mal ab. Denn in der Ruhe liegen neue Kraft und Erkenntnis.

Diese Phasen des Aussteigens und der intensiven Entspannung kommen auch unserem Lebensrad zugute, das danach wieder rund läuft wie am ersten Tag. Selbstverständlich müssen wir allen fünf Speichen die notwendige Wartung zukommen lassen. Also Visionen und Ziele prüfen, Pläne festlegen oder verbessern, Schwerpunkte korrigieren. Dann erwartet Sie eine erfüllte Zeit, die Sie lachen, lieben und mit Freude leben lässt. Kurz: In der Sie einfach glücklich sind.

Gesunde Vitalität: die Quelle für Kraft und Wohlbefinden

Sie haben sich für die nächste Zeit einiges vorgenommen und möchten nun mit Elan darangehen, Ihre Pläne in die Tat umzusetzen. Dafür brauchen Sie nicht nur einen festen Willen, sondern auch jede Menge Kondition. Genauso, wie ein Langstreckenläufer viel Kraft und Ausdauer benötigt, um erfolgreich sein Ziel zu erreichen. Auf den folgenden Seiten erfahren Sie, wie Sie Ihren Körper dabei unterstützen können. Dazu ist es zunächst einmal wichtig, Ihren Körper und seine Bedürfnisse zu verstehen. Deshalb: Kommen Sie mit Ihrem Körper ins Gespräch! Dabei werden Sie erstaunliche Möglichkeiten entdecken, um Ihre Leistungsfähigkeit so zu steigern, dass Sie Ihre gesteckten Ziele erreichen können, ohne unterwegs schlapp zu machen.

Wie die Menschen mit ihrem Körper umgehen, ist dabei individuell sehr unterschiedlich: Manche treiben Kult mit ihm, einige vernachlässigen ihn sträflich, andere wiederum bringen ihn zu Höchstleistungen. Wie so oft gilt auch hier: Jeder muss seinen eigenen Weg finden und für sich entscheiden, wie er mit seinem Körper umgeht, wie viel Aufmerksamkeit er ihm schenkt. Denn sowohl ein *zu viel* als auch ein *zu wenig* kann uns ins Ungleichgewicht bringen.

Deshalb wollen wir uns auf den folgenden Seiten einmal ausführlich damit befassen, was Sie für Ihre Gesundheit, Ihr körperliches Wohlbefinden und Ihre Leistungsfähigkeit tun können. Entdecken Sie Ihren Körper als Quelle der Lust – nicht als Last.

Ernährung: Du bist, was Du isst

Es gibt eine ganze Reihe von Faktoren, die maßgeblich für Ihren körperlichen Zustand mitverantwortlich sind. Vor allem die Art und Weise, wie Sie sich ernähren, gehört unbedingt dazu. „Sage mir, was du isst und ich sage dir, wer du bist." – dieser Aphorismus von Jean Anthelme Brillat-Savarin beschreibt den enormen Einfluss, den die Ernährung auf den Menschen ausübt. In der Tat kann das, was wir täglich zu uns nehmen, mittelfristig über Gesundheit oder Krankheit entscheiden.

Der Kummer mit dem Speck – krank durch zu viel Fett

Dies erfahren auch die Menschen, die unter einem erhöhten Cholesterinspiegel leiden. Und dies sind nach Angaben des Robert-Koch-Instituts nicht wenige: Über 70 Prozent der deutschen Bevölkerung ab 25 Jahren haben einen Cholesterinspiegel, der über dem Richtwert von 190 mg/dl liegt.[1] Eine der häufigsten Ursachen dafür ist zu fettes Essen. Und genau dies bietet uns die Chance, sofort zu handeln. Denn wer seinen Fettkonsum einschränkt, bleibt erwiesenermaßen länger gesund und fit. Wussten Sie zum Beispiel, dass eine Vielzahl von Krebserkrankungen durch eine ausgewogene und vor allem fettarme Ernährung vermieden werden können? Oder dass Sie Ihr Übergewicht nur um 15 Prozent reduzieren müssen, um die Infarktgefahr deutlich zu senken? Auch andere, weit verbreitete Zivilisationskrankheiten wie Arteriosklerose, Bluthochdruck

---

[1] http://www.rki.de/DE/Content/Gesundheitsmonitoring/Studien/Degs/degs_w1/degs_w1_node.html

oder Fettwechselstörungen haben ihren Ursprung häufig in den maßlos angefutterten Pfunden. Das sind Ergebnisse, die nachdenklich stimmen.

Die leckere Verführung – kann denn Essen Sünde sein?

Überlegen Sie bitte: Wann haben Sie das letzte Mal so richtig Hunger gehabt? Das ist schon eine Weile her, nicht wahr? Oft wird gegessen, was Kühlschrank und Vorratskammer hergeben – und das zu allen möglichen Zeiten. Die allgegenwärtige Verführung zum Essen macht es uns allen schwer, standhaft zu bleiben. Die Werbung lockt immer wieder mit neuen kulinarischen Genüssen, die wir natürlich probieren wollen. Im Supermarkt drängen uns die vielen Angebote zum Zugreifen. Und weil alles, was wir gerne mögen, stets reichlich vorhanden ist, fällt das Verzichten nicht leicht. Selbst wenn sich ab und zu das schlechte Gewissen melden sollte.

Denkanstoß:
Die *meisten* Menschen trauen sich nicht, eine Einladung zum Essen abzulehnen – aus Angst, den Gastgeber zu beleidigen. Die Figur muss dafür häufig büßen.

Aber auch gesellschaftliche Verpflichtungen bringen uns oft in die Zwickmühle. Denken Sie nur an die Geburtstagsfeiern im Betrieb, bei denen die Kollegen in Sahnetorten schwelgen – obwohl das Mittagessen nur kurze Zeit zurückliegt. Das Stück Kuchen ablehnen? Wie unhöflich! Ebenso werden Geschäftsessen häufig zu einer Gratwanderung zwischen konsequenter Haltung und Kleinbeigeben. Eigentlich wollten Sie nur einen Figur freundlichen Salat bestellen – aber schließlich sind Sie doch bei der Gänsekeule und Mousse au Chocolat zum Nachtisch gelandet. Ihr Tischpartner hätte es wohlmöglich übelgenommen, wenn Sie seine Einladung nicht entsprechend gewürdigt hätten.

Halten wir fest: Statt von einem knurrenden Magen werden unsere Essgewohnheiten zunehmend von äußeren Reizen und Einflüssen bestimmt.

Fragen Sie sich einmal selbst, in welchen Situationen Sie etwas essen, ohne wirklich Appetit oder Hunger zu haben. Sie werden zu der Erkenntnis gelangen, dass viele Zwischendurch-Snacks gar nicht nötig sind. Ob aus Langeweile, Gewohnheit oder um anderen Gesellschaft zu leisten: Wir lassen uns viel zu häufig zum Essen verleiten.

Denkanstoß:
Wenn es ums Essen geht, sind wir häufig fremdbestimmt. Fatal dabei ist, dass wir uns gern verführen lassen und nur schlecht nein sagen können oder wollen.

Andererseits wäre es auf lange Sicht frustrierend, die Nahrungsaufnahme lediglich auf die Befriedigung von Grundbedürfnissen zu reduzieren. Selbstverständlich wollen wir satt werden und den Durst löschen wir wollen unsere Mahlzeit aber auch genießen.

Ein Teller voll Genuss: Häppchenweise zum Glücksgefühl

Essen und Trinken sind sinnliche Erlebnisse, die unmittelbar auf unser Befinden einwirken. Ein Stück Schokolade zwischendurch hebt Ihre Laune augenblicklich; nach Feierabend eine Pizza beim Italiener – mit vollem Magen sieht der Tag rückblickend schon wesentlich freundlicher aus. Das Glas Sekt, das Sie mit Ihrem Partner trinken, stimmt festlich und froh.

Essen sollte kein Ritual sein

Bei zahlreichen Gelegenheiten übernehmen kleine oder große Leckerbissen eine Ritualfunktion. Mit einem Abendessen in einem guten Restaurant belohnen wir uns für eine gelungene Arbeit; mit einer Flasche Wein sagen wir Dankeschön für geleistete Dienste und mit einer Schachtel Pralinen entschuldigen wir uns vielleicht für ein unbedachtes Wort.

Doch auch wenn es noch so phantastisch schmeckt: Verzichten Sie vor dem Zu-Bett-Gehen lieber auf ein üppiges Menü. Denn während Ihr Körper hart daran arbeitet, all die guten Sachen zu verdauen, können Sie schlecht ein- und durchschlafen. Deshalb greifen Sie spätabends lieber zu leichter Kost, wenn der kleine Hunger kommt. Ein Stück Obst oder ein Joghurt belasten nicht und machen trotzdem satt und zufrieden. Dieser Tipp gilt übrigens auch für die Pause am Arbeitsplatz. Auch der Start in den Tag gelingt mit einer leichten Mahlzeit besser.

Rundum wohlfühlen: durch Power à la carte

Eine vollwertige, ausgewogene Ernährung steigert Ihre Vitalität, macht eine tolle Figur und wirkt sich positiv auf Ihr Lebensgefühl aus. Doch was heißt das konkret? Die Faustregel für das, was gesundes Essen ausmacht, lautet: Eine ausreichende Menge an Kohlenhydraten, nicht zu viel Eiweiß, wenig Fett, viel Wasser, Vitamine, Spurenelemente, Mineralien und Ballaststoffe. Auf einem idealen Speiseplan sollten also überwiegend Obst und Gemüse, Milchprodukte, Nudeln und Brot aus Vollkorn sowie mageres Fleisch und Fisch stehen.

Die breite Basis bildet die regelmäßige aerobe Bewegung rsp. Sport. Wichtig ist dann die ausreichende Versorgung mit Getränken, im Wesentlichen Wasser. Es folgen Obst und Gemüse, erst dann Getreideprodukte. Selten einzunehmen: Fleisch, Fisch und Ei. An der Spitze finden Sie Fette und Leckereien nur noch in geringen Mengen.

Wenn Sie diese Zutaten verstärkt in Ihre tägliche Ernährung einbauen, werden Sie bald spüren: „Mir geht es immer besser!“ Geistig sind Sie jederzeit voll da, denn Ihre Konzentrationsfähigkeit und Ihr Gedächtnis arbeiten auf Hochtouren. Während die Kollegen mit Schnupfnasen herumlaufen, bleiben Sie dank Ihrer gestärkten Immunabwehr meistens gesund und munter. Überhaupt sind Sie wesentlich belastbarer und leistungsfähiger geworden. Dazu gehört auch, dass Sie ganz cool bleiben, wenn es mal heiß hergeht. So leicht kann Sie nichts mehr erschüttern.

Guter Schlaf, eine funktionierende Verdauung und mehr Spaß am Sex tun ein Übriges, damit Sie sich rundum wohlfühlen. Jetzt werden Sie unter Umständen folgenden Einwand anbringen: Die Bedeutung des

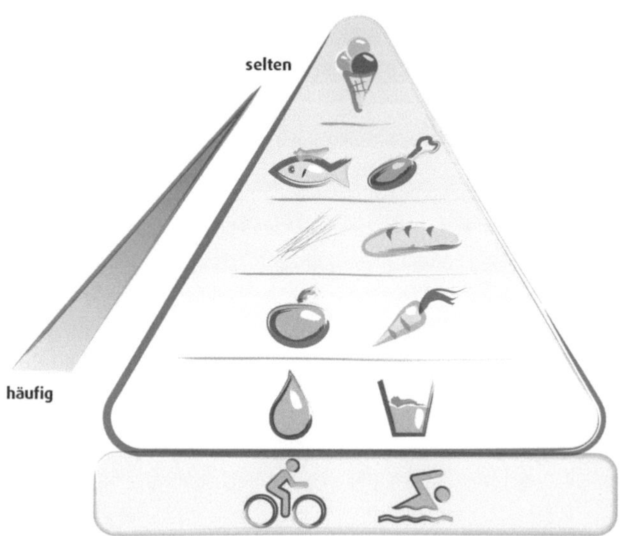

Abb. 5: Ernährungsdreieck
Quelle: eigene Darstellung nach Informationen der Deutschen Gesellschaft für Ernährung e. V. und dem Ernährungsdreieck des VFED e. V.

Essens ist für den Einzelnen doch sicher recht unterschiedlich. Der eine schwört auf Vollwertkost, der andere findet sein Himmelreich bei Big Macs und Fischburgern, der Dritte lebt nur für den Genuss, während der Vierte sich ständig auf dem Diät-Trip befindet. Richtig. Gerade deshalb ist es so wichtig, dass Sie sich selbst über Ihre eigene Befindlichkeit im Klaren sind.

Alles Einstellungssache – Betrachtungen über ein schwieriges Verhältnis

Nun bekommen Sie die Gelegenheit, sich mit Ihrer persönlichen Einstellung zum Essen zu befassen. Wie bereits ausgeführt, hat die Ernährung einen wesentlichen Einfluss auf das Wohlbefinden, die Leistungsfähigkeit und die Konzentration. Wie ist das bei Ihnen? Wie fühlen Sie sich nach einer Mahlzeit? Haben Sie beim Essen die Energie getankt, die Ihr Körper benötigt? Antwort auf diese Fragen liefert Ihnen die entsprechende Übung. Anhand der letzten Hauptmahlzeit können Sie dabei leicht Ihre eigene Energiebilanz feststellen.

BRÜCKE ZUR UMSETZUNG

Ermitteln Sie Ihre persönliche Energiebilanz

Denken Sie jetzt an Ihre letzte Hauptmahlzeit zurück. Erinnern Sie sich daran, wie Sie sich körperlich und geistig gefühlt haben. Beschreiben Sie nun Ihren damaligen energetischen Zustand anhand der vorgegebenen Wortpaare auf der Skala von 1 bis 10.
Sie erhalten dann einen Überblick über die Aktivierung oder Reduzierung, die Sie durch Ihre Mahlzeit erfahren haben.

Energetischer Zustand

müde *munter*
1 2 3 4 5 6 7 8 9 10

träge *energiegeladen*
1 2 3 4 5 6 7 8 9 10

antriebslos *motiviert*
1 2 3 4 5 6 7 8 9 10

unkonzentriert *konzentriert*
1 2 3 4 5 6 7 8 9 10

Diese Übung können Sie auch als Arbeitsblatt von unserer Website mdc24.com herunterladen.

Auf Ausgleich bedacht: Die Energiebilanz sollte stimmen

Ob Sie zunehmen oder nicht, hat viel mit Ihrer Energiebilanz zu tun. Wenn Sie täglich das essen, was Ihr Körper verbraucht, ist das Ergebnis im grünen Bereich. Und Sie haben kein Pfund mehr auf den Rippen.

Klingt einfach, ist es aber häufig nicht. Gerade, wenn man viel unterwegs ist oder zum Geschäftsessen eingeladen wird, kann es den ein oder anderen Ausreißer geben.

Der durchschnittliche Energiebedarf eines Erwachsenen liegt zwischen 2000 und 2500 Kilokalorien pro Tag. Diese Werte können aber nur Richtwerte darstellen, da verschiedene Faktoren wie Alter, Größe, Geschlecht und körperliche Bewegung Einfluss auf das individuelle Bedürfnis haben. Darüber hinaus kommt es darauf an, ob Sie ein guter oder schlechter Futterverwerter sind. Es gibt beneidenswerte Menschen, die essen für zwei und bringen trotzdem kein Gramm mehr auf die Waage. Andere dagegen brauchen das Stück Sahnetorte nur anzuschauen, um Speck anzusetzen. Diese individuellen Unterschiede müssen Sie bei Ihrer Kalorienberechnung ebenfalls berücksichtigen. Sie können Ihren Energiehaushalt übrigens leicht überprüfen. Wenn Sie über einen längeren Zeitraum Ihr Gewicht halten, spricht alles für einen ausgeglichenen Wert. Dann befindet sich das Verhältnis von Nahrungszufuhr und tatsächlichem Bedarf in optimaler Balance.

Jetzt haben Sie erfahren, wie es um Ihren energetischen Zustand nach dem Essen bestellt ist. Vielleicht haben Sie, wie viele andere Menschen auch, etliche Probleme mit dem Thema Essen. Zum Beispiel sind Sie mit dem, was Sie zu sich nehmen, unzufrieden. Oder es ärgert Sie ungemein, dass Sie beim Essen nicht Nein sagen können.

Denkanstoß:
Essen soll Genuss sein. Verbindet man damit lediglich ein schlechtes Gewissen, so ist es höchste Zeit, sich mit seinem Essverhalten auseinanderzusetzen.

Möglicherweise schaffen Sie trotz großer Anstrengung die Kurve beim Abnehmen nicht. Oder aber Sie fühlen sich meistens unwohl, weil Sie immer wieder in den Fehler verfallen, zu hastig zu essen. Oder es gelingt Ihnen nicht, sich ausgewogener zu ernähren. Es ist natürlich auch denkbar, dass Sie sich bisher noch gar nicht so intensiv mit Ihrem Essverhalten auseinandergesetzt haben. Das können Sie jetzt ändern. Welche der Ernährungstipps, die Sie bis jetzt bekommen haben, wollen Sie als erstes umsetzen?

BRÜCKE ZUR UMSETZUNG

Welche Ernährungstipps sagen Ihnen am meisten zu?
Kreuzen Sie bitte an, welche fünf Ernährungstipps aus dieser Übung für Sie am wichtigsten sind. Wenn Sie etwas verändern wollen, wählen Sie aus diesen fünf den Ersten aus, den Sie umsetzen werden. Wenn dieser erfolgreich umgesetzt ist, wenden Sie sich nach und nach den anderen Tipps zu. Sie erhalten so einen Fahrplan für eine erfolgreiche Optimierung Ihrer Essgewohnheiten.

- ○ Verbieten Sie sich nichts – essen Sie lieber bewusster
- ○ Täglich min. zwei Liter trinken – am besten Wasser, Tee, Saftschorlen
- ○ Kaffee, Tee und Alkohol reduzieren
- ○ 5 x täglich eine Hand voll frisches Obst und/ oder Gemüse essen
- ○ Fettarme Produkte bevorzugen
- ○ Kartoffeln, Nudeln und Vollkornprodukte in den täglichen Speiseplan einbauen
- ○ Maximal 1 x die Woche Fleisch essen
- ○ Mit Zucker und Salz sparsam sein
- ○ Wöchentlich Fisch essen
- ○ Ausreichend Milchprodukte zu sich nehmen
- ○ Langsam essen und aufhören, wenn ich satt bin
- ○ Höchstens 1 x am Tag bewusst naschen
- ○ Nur noch essen, wenn ich Hunger habe
- ○ Wenn ich esse, dann esse ich. Man tut was man tut!
- ○ Ich gleiche ein besonders gutes (kalorienreiches) Essen durch Bewegung aus
- ○ Im Alltag sorge ich für kleine Bewegungseinheiten: Treppen steigen, das Auto etwas weiter weg parken, Spaziergang in der Mittagspause usw.

Diese Übung können Sie auch als Arbeitsblatt von unserer Website mdc24.com herunterladen.

Das müssen Sie ändern – leichter gesagt als getan

Vieles von dem, was Sie bisher gelesen haben, hat Sie vielleicht nachdenklich gestimmt. Kann es sein, dass Sie mit Ihrem Essverhalten nicht einverstanden sind und es ändern möchten? Hut ab, da haben Sie sich eine Menge vorgenommen! Denn machen Sie sich bitte eines bewusst: Nichts ändert man so schwer wie lebenslang eingeübtes Essverhalten.

Doch das soll Sie nicht daran hindern, mit ganzem Herzen an diese Aufgabe heranzugehen. Bevor Sie jetzt einen Neuanfang starten, prüfen Sie sich bitte ehrlich: Ist Ihre Motivation groß genug, um wirklich durchzuhalten? Denn nichts frustriert mehr, als auf der halben Strecke aufzugeben. Spornen Sie sich deshalb immer wieder aufs Neue an. Wie stark leiden Sie unter Ihrem Gewicht? Wie konkret können Sie sich so eine Veränderung vorstellen? Bringen Sie Ihre Wünsche und Ziele zu Papier. Aber bitte so formuliert, dass sie auch praktisch umgesetzt werden können. Eine Hilfestellung dazu erhalten Sie auch im Kapitel „Eigenmanagement & Organisation". Wäre die Realisierung Ihrer Pläne nicht möglich, hätten Sie sofort eine bequeme Ausrede für das Scheitern Ihres Vorhabens zur Hand. Aber diese Art zu tricksen ist selbstverständlich nicht Ihr Stil.

Wenn Sie zum Beispiel Ihre Konfektionsgröße des vergangenen Jahres wiedererlangen möchten, müssen Sie auf dem Weg zu diesem Ziel auch Ihre individuelle Situation berücksichtigen. Sind Sie beruflich viel unterwegs und essen daher oft im Restaurant, steht Ihnen nur eine begrenzte Zahl an Gerichten zur Auswahl. Entsprechend sollten Sie Ihr angestrebtes Essverhalten anpassen. Suchen Sie nach Alternativen, die sich im Alltag ohne viel Aufwand realisieren lassen. Es ist nicht notwendig, Ihre Essgewohnheiten komplett umzustellen. Bereits kleine Veränderungen bringen viel. Zum Beispiel die Banane statt des Käsebrötchens, die Apfelschorle statt der Cola oder der Salatteller, den Sie anstelle einer Suppe als Vorspeise nehmen.

Sobald Ihr persönlicher Fahrplan steht, können Sie anfangen, die praktische Umsetzung in Angriff zu nehmen. Auch hier empfehlen wir Ihnen aufzuschreiben, wie Sie die geplanten Veränderungen in Ihrem Essverhalten realisieren wollen.

Denkanstoß:
Berücksichtigen Sie bei der Veränderung des Essverhaltens Ihre individuelle Situation. Wenn Ihr Vorhaben nicht im Alltag zu verwirklichen ist, verlaufen alle guten Vorsätze im Sande.

Gesund ernährt am Arbeitsplatz: So kommen Sie gut durch den Tag

Alles schön und gut, sagen Sie jetzt womöglich. Ich bin berufstätig und kann mir meine Mahlzeiten nicht so zusammenstellen, wie ich es eigentlich möchte. Außerdem fehlt mir oft die Zeit, um in die Kantine zu gehen.

Denkanstoß:
Ist der Tag auch noch so hektisch – Zeit für gesunde Ernährung muss sein.

Schwierig, aber nicht aussichtslos. Die Deutsche Gesellschaft für Ernährung hat einige Tipps zusammengestellt, die Ihnen sicher nutzen werden.

1. **Frühstücken Sie in zwei Etappen.**
   Morgenmuffel haben frühmorgens meistens keinen Appetit. Nicht weiter schlimm. Verschieben Sie Ihr Frühstück einfach um zwei bis drei Stunden und nehmen dann eine größere Portion zu sich. Etwas später folgt ein Snack mit Obst oder Joghurt. So kommen Sie garantiert auf Touren.

2. **Legen Sie öfter eine Zwischenmahlzeit ein.**
   Wer über den Tag verteilt immer mal einen kleinen Happen isst, vermeidet Leistungstiefs und behält seine Konzentrationsfähigkeit. Gut geeignet sind magere Milchprodukte, Obst und dünn belegte Brötchen.

3. **Peppen Sie Ihr Brot auf.**
   Schon wieder Leberwurst! Das muss nicht sein. Bringen Sie Abwechslung auf Ihre Brote. Salatblätter, Tomaten- und Gurkenscheiben oder zubereitete Rohkost schmecken nicht nur ausgezeichnet, sondern verscheuchen auch das gewohnte Einerlei in der Brot-Box.

4. Machen Sie mal Pause.
Nehmen Sie sich Zeit zum Essen. Ein Apfel zwischendurch ist schnell verdrückt und hält nicht lange von der Arbeit ab. Ihnen tut die kleine Erholung gut, weil Sie frische Energie aufladen können. Das aktiviert Ihre Leistungsfähigkeit und macht Sie wieder fit.

5. Geben Sie Fast Food ein gesundes Contra.
In manchen Fällen führt kein Weg an der Imbissbude oder am Burger-Laden vorbei. Das, was Sie dort serviert bekommen, ist zumeist einseitig, zu salzig und zu fett. Deshalb sollten Sie zwischendurch oder am Abend für ein gesundes Gegengewicht sorgen. Mit viel Obst und Gemüse, Vollkorn- und Milchprodukten, die den Mangel an Vitaminen, Mineralien und Ballaststoffen schnell ausgleichen.

Präzise nach Programm: in drei Stufen zum Erfolg

Jetzt möchten Sie Ihr Essverhalten erkennen und erfolgreich korrigieren? Dann haben wir hier den Leitfaden dazu. Dazu durchlaufen Sie einen dreistufigen Prozess, an dessen Anfang die genaue Analyse Ihrer Gewohnheiten steht. Bitte beantworten Sie dazu den Fragebogen in der folgenden Übung.

BRÜCKE ZUR UMSETZUNG

Analysieren Sie Ihre Essgewohnheiten
Beantworten Sie die folgenden Fragen. Dadurch gewinnen Sie weitere Klarheit über Ihr Essverhalten und finden ggf. Ansatzpunkte für Veränderung.

Welche Lebensmittel nehmen Sie häufig zu sich?

....

Trinken Sie ausreichend?

....

Zu welchen Zeiten essen Sie?

....

Wo essen Sie?

....

Wie viel Zeit nehmen Sie sich zum Essen?

....

Was verleitet Sie zum Essen?

....

Was hält Sie vom Essen ab?

....

Welche Gedanken und Gefühle haben Sie beim Essen?

....

Diese Übung können Sie auch als Arbeitsblatt von unserer Website mdc24.com herunterladen.

Nachdem Sie nun Klarheit gewonnen haben, folgt Stufe 2 in unserem Programm: Die Phase der Änderung.

Beginnen Sie langsam. Alles sofort erreichen zu wollen, schafft nur Enttäuschung. Ein oder zwei Umstellungen zur gleichen Zeit reichen völlig. Unser Vorschlag: Fangen Sie beim Einkaufen an. Suchen Sie sich das Obst aus, das Sie gerne als Snack zwischendurch essen möchten. Lassen Sie sich an der Käsetheke beraten und probieren Sie, welche fettarme Sorte gut schmeckt.

Denkanstoß:
Hüten Sie sich vor falschem Ehrgeiz. Wer auf Anhieb alle Ziele erreichen will, läuft Gefahr zu scheitern.
Trainieren Sie diese Neuerungen so lange, bis sie zu Ihrem Alltag gehören. Innerhalb von einer bis vier Wochen dürfte es soweit sein.
Dann können Sie eine weitere Änderung in Ihrem Essverhalten in Angriff nehmen.

Nun kommen Sie zum dritten Schritt: Verändern Sie Ihre Einstellung zum Essen und zu Ihrer Lebensweise positiv.

Wir verraten Ihnen ein paar psychologische Tricks, die Ihnen diese Aufgabe erleichtern:
Glauben Sie fest an Ihren Erfolg und stellen Sie ihn sich möglichst oft bildlich vor. Auf diese Weise kommen Sie schneller ans Ziel. Schlagen Sie sich die pessimistischen Gedanken aus dem Kopf. Denken Sie: Ich schaffe das! Aber bitte ohne sich unter Zwang zu setzen. Es muss nicht alles perfekt sein, was Sie unternehmen.

Freuen Sie sich über das, was Sie bereits erreicht haben, und seien Sie stolz darauf. Belohnen Sie sich, wenn Sie wieder ein Stück vorwärtsgekommen sind. Das motiviert zum Weitermachen und hilft Ihnen, Ihre Erfolge langfristig zu stabilisieren. Entspannen Sie sich ein bisschen und denken Sie darüber nach, womit Sie sich gerne belohnen würden.

Denkanstoß:
Think positive!
Mit einer optimistischen Einstellung werden Sie alle Schwierigkeiten meistern und erfolgreich sein.

Fassen wir noch einmal zusammen. Wenn Sie die feste Absicht haben, Ihr Essverhalten zu ändern, befolgen Sie bitte diese Spielregeln:

1. Fangen Sie sofort an. Nicht erst morgen.
2. Übertreiben Sie nicht.
3. Beginnen Sie mit Veränderungen, die Sie einfach umsetzen können.
4. Stellen Sie Ihr Einkaufsverhalten schrittweise um.
5. Beginnen Sie mit den konstanten Mahlzeiten wie Frühstück und Abendessen. So kann die Veränderung täglich greifen.
6. Freuen Sie sich auf das Essen, das Sie fit macht.
7. Werfen Sie nicht gleich die Flinte ins Korn, wenn Ihre guten Vorsätze bereits am Vormittag scheitern. Nutzen Sie den Nachmittag!

Ein echter Pfundskerl: Wenn das Gewicht zum Horror wird

Mein Gott, ich werde zu dick! Ob berechtigt oder nicht: Dieser Schreckensruf bedeutet höchste Alarmstufe. Es muss etwas passieren, und zwar schnell.

Kommen wir erst einmal der Ursache für das Dickwerden auf die Spur. Selbst superschlanke Menschen haben Körperfett. Bei Männern liegt der Anteil zwischen 10 und 15 Prozent, bei Frauen bei 20 Prozent. Diese Fettpolster haben ihren Sinn, denn sie schützen uns vor äußeren Einwirkungen und verhindern zudem den Verlust von Wärme.
Die eigentliche Aufgabe des Fettgewebes aber besteht darin, die Energie aus der Nahrung als Vorrat zu speichern – und zwar in Form von Fett. So sind wir in der Lage, im Notfall mehrere Wochen bis Monate ohne Essen auszukommen. Auf Getränke könnten wir aber nicht verzichten.

Was läuft nun beim Dicker werden ab? Wenn der Mensch an Gewicht zulegt, vermehrt sich nicht allein das Körperfett, sondern auch die fettfreie Masse im Verhältnis 3:1 bzw. 2:1. Was das heißt, merken Sie beim Abnehmen. Gesetzt den Fall, Sie reduzieren Ihr Gewicht um 6 Kilo, werden neben zwei bis drei Kilo Fettgewebe in der Regel auch zwei bis drei Kilo Muskulatur abgebaut. Außerdem verlieren Sie durch den Verlust körpereigener Substanz eine Menge Wasser, was Ihre Pfunde in den ersten Tagen buchstäblich dahinschmelzen lässt. Der Schein trügt – bis es ans hartnäckige Fett geht, brauchen Sie noch ziemlich viel Geduld.

Denkanstoß:
Zuviel Gewicht ist ein Gesundheitsrisiko. Durch Maßhalten beugen Sie Krankheiten vor.

Bleibt die Frage, wie viel Sie abnehmen möchten oder sollten. Hierzu gibt es zahlreiche Fachbücher, die voll sind mit Begriffen wie Idealgewicht, Normalgewicht und Wohlfühlgewicht. Bevor Sie nun rechnen, welches Ihr optimales Gewicht ist, möchten wir eines vorwegschicken:

Die moderne Forschung hat herausgefunden, dass jeder Mensch ein individuelles Gewicht hat, bei dem sein Körper bestens funktioniert. Dieses Gewicht kann durchaus von den normalen Maßstäben abweichen. Mit anderen Worten: Ein optimales Gewicht für alle gibt es nicht. Deshalb sollten Sie für sich herausfinden, wann Sie sich wirklich wohlfühlen und dieses Gewicht dann halten.

Natürlich wollen wir alle trotzdem wissen, ob wir zu viel oder zu wenig wiegen. Dazu empfehlen wir Ihnen die Methode nach dem sogenannten Body-Mass-Index, abgekürzt BMI. Die Formel lautet:

$$\frac{\text{Körpergewicht in Kilogramm}}{(\text{Körpergröße in Meter})^2} = \text{BMI}$$

Die Einteilung des Körpergewichts erfolgt nach folgendem Schema:

BMI < 20:	Untergewicht – bei Frauen unter 18 Jahren normal
BMI 20-25:	Normalgewicht
BMI > 25-29:	Leichtes bis mäßiges Übergewicht
BMI 30-39:	Deutliches Übergewicht
BMI ab 40:	Starkes Übergewicht

Beispiel: Ein Mann von 1,80 m Größe wiegt 78 kg.
Also $78 : 1{,}8^2$ = BMI 24. Das Gewicht liegt im normalen Bereich.

Noch eine Bemerkung zum sogenannten Idealgewicht. In der Vergangenheit verstand man darunter ein Gewicht, das 10 Prozent unter dem Normalwert liegt. Heute ist die Wissenschaft weiter. Untersuchungen haben gezeigt, dass dieses Idealgewicht allenfalls für Menschen unter 30 Jahren zutrifft.

Zum Mittagessen eine Möhre: Vom Sinn und Unsinn der Diäten

Wer eine Diät macht, wird von aller Welt bedauert. Jeder von uns kennt das Bild des Dickerchens, das traurig die einsame Karotte auf seinem Teller betrachtet. Damit wird anschaulich gezeigt, was Diät in unserem Verständnis heute bedeutet: Wenig und möglichst kalorienarm essen.

Obwohl viele Diäten sehr einseitig sind und auch geschmacklich häufig keine Gaumenfreuden bieten, werden sie immer wieder gern in Angriff genommen. Zum einen dauern sie nicht lange, weil man nur kurze Zeit durchhält; zum anderen eignen sie sich gut, um auf die Schnelle einige Kilos abzuspecken. Auch die Medien schwimmen erfolgreich auf der Diätwelle mit und propagieren unentwegt neue Patentrezepte zum Dünner werden. Über 25.000 Diätvorschläge sind weltweit im Umlauf – hätten Sie das gedacht?

Das Hauptproblem der meisten Diäten ist der gefürchtete Jo-Jo-Effekt: Kaum ist das Hungern beendet, holt sich der Körper die mühsam verlorenen Pfunde wieder zurück und legt sogar noch zu. Die Erklärung liegt auf der Hand: Es bringt überhaupt nichts, das Essverhalten für einige Wochen umzustellen und danach wieder in das gewohnte Verhaltensmuster zurückzufallen. So nehmen Sie garantiert nicht ab! Abgesehen von den gesundheitlichen Nebenwirkungen, die solch eine Crash-Diät für Ihren Köper haben kann.

Deshalb pfeifen Sie auf Diäten! Ersparen Sie sich die Quälerei und den anschließenden Frust. Setzen Sie stattdessen auf eine langfristige Strategie, um Ihr Gewicht nachhaltig zu reduzieren. Denn Sie werden nur dann zu Ihrer Traumfigur kommen, wenn Sie Ihr Essverhalten komplett und dauerhaft verändern.

Voll in Aktion – mehr Bewegung braucht der Mensch

Neben der Ernährung spielt auch die Bewegung eine entscheidende Rolle für unseren Körper. Keine Frage: Körperliche Bewegung tut uns allen gut. Doch wir müssen uns schon ziemlich anstrengen, um spürbar Kalorien zu verbrennen. Schwimmen und Radfahren bringen gute Ergebnisse; beim Joggen oder Wandern verbrauchen wir noch mehr Kalorien. So müssten Sie beispielsweise 15 Minuten schwimmen, um lediglich ein kleines Bier abzuarbeiten. Bei einem Marathonlauf dagegen schmelzen bis zu 3.000 Kalorien dahin. Und: Je mehr Sie wiegen und je mehr Muskeln Sie haben, desto größer ist der Kalorienverbrauch. Diesen Wert können Sie sogar noch toppen, indem Sie die körperliche Belastung intensivieren.

Zusatzeffekt: Bewegung reguliert den Appetit. Wer sein Leben als Couch Potatoe oder Schreibtisch-Zubehör verbringt, hat eindeutig mehr Hunger und keine Kraft, ihn zu zügeln. Bewegung reguliert den Zuckerhaushalt. Sie werden weniger schnell hungrig und auch der Appetit auf kalorienreiches Süßes lässt nach.

Nur ungerecht, dass Frauen weniger Muskelmasse besitzen als Männer. Aus diesem Grund verbraucht eine Frau unter gleichen Bedingungen etwa 10 bis 20 Prozent weniger Kalorien als ein Mann.

In der folgenden Tabelle können Sie nachlesen, was ein normalgewichtiger Mann mittleren Alters bei körperlicher Bewegung an Kalorien verbrennt. Die niedrigen Angaben beziehen sich auf Freizeitsportler, die höheren Werte auf Bedingungen im semiprofessionellen Vereinssport.

Tätigkeit	**Kalorienverbrauch pro Stunde**
Gehen (3 km/Stunde)	200
Gehen (5 km/Stunde)	300
Gehen (6,5 km/Stunde)	400
Gartenarbeit	200-400
Surfen	300-600
Golf	200-400
Radfahren (15 km/h)	400
Tennis	300-600
Skifahren (Abfahrt)	400-600
Joggen (8 km/Stunde)	400
(12 km/Stunde)	800
Fußball	400-700
Handball	400-700
Schwimmen	400-800

Fit sein und Spaß haben – Mit Begeisterung bei der Sache

Auch für den Sport gilt: Analysieren Sie Ihre Ziele. Reizt Sie die Herausforderung, wollen Sie sich beweisen und Höchstleistung bringen? Oder schätzen Sie mehr den Entspannungseffekt, das Zu-sich-Kommen? Möchten Sie mit sich allein sein? Lieben Sie das Gemeinschaftserleben und den Wettbewerb mit anderen? Oder eine Kombination aus allem?

Gefragt ist ein abwechslungsreicher Bewegungsmix, damit Sie auch auf längere Sicht Spaß an den sportlichen Aktivitäten haben. Denn nur wenn Sie bei der Stange bleiben, erleben Sie das gute Gefühl, wie Ihre Vitalität zunimmt und die körperliche Belastbarkeit steigt.

Zwischendurch ein kurzer flotter Spaziergang, ein paar Lockerungsübungen am PC, den Lift sausen lassen und die Treppe nehmen, das Auto stehen lassen und die Post zu Fuß zum Briefkasten bringen – das alles macht keine Mühe, bringt aber viel für Ihre Fitness. Sie werden feststellen, dass körperliche Anstrengung Ihre Stimmung hebt. Denn durch diese Belastung werden vermehrt sogenannte Glückshormone freigesetzt, die Sie positiv motivieren. Sie fühlen sich fast so, als wären Sie frisch verliebt. Beschwingt und voller Tatendrang.

Wie sieht es bei Ihnen mit der sportlichen Betätigung aus? Wie fühlen Sie sich vor und nach Ihren Aktivitäten? Sollten Sie jetzt ein Defizit feststellen, wird es Zeit zu handeln. Eigentlich müssen Sie sich nur einen kräftigen Schubs geben, um die eigene Bequemlichkeit abzuschütteln. Sind Sie erst einmal aktiv dabei, kommt der Spaß am Sport von ganz allein.

Denkanstoß:
Um sich fit und gesund zu halten, brauchen Sie kein Leistungssportler zu werden. Ein wenig Bewegung Tag für Tag reicht schon aus, damit Ihr Körper wieder auf Touren kommt.

Schlankweg in die Top-Etagen – Machen dünne Manager eine bessere Figur?

Wahrscheinlich haben es schlanke, gutaussehende Führungskräfte leichter, auf der Karriereleiter nach oben zu kommen. Aber nicht allein die Optik ist entscheidend. Auch die körperliche Fitness spielt eine wichtige Rolle. Kein Wunder: Sportliche Menschen strahlen mehr Selbstbewusstsein aus, können besser mit Stress umgehen und gelten als belastbarer. Immer mehr Unternehmen setzen deshalb bei der Auswahl der Manager auf einen Gesundheits-Check – in den USA ist dies seit langem ein fester Bestandteil der Bewerberauswahl.

Immerhin 64 Prozent der Führungskräfte machen regelmäßig Sport – so das Ergebnis einer Umfrage der Max Grundig Klinik aus dem Jahr 2015. Ein weiteres Ergebnis: Nur noch zehn Prozent der Führungskräfte rauchen. Das ist eine gute Entwicklung. Denn eine gesunde Lebensweise – und dazu zählen Sport und der Verzicht auf das Rauchen, aber auch auf Alkohol – senkt das Risiko von Zivilisationskrankheiten wie Diabetes und Bluthochdruck.

Trotzdem kann noch keine Entwarnung gegeben werden. Denn Fettstoffwechselstörungen, Diabetes mellitus, orthopädische Probleme sowie vegetative Beschwerden gehören bei vielen Führungskräften zum Alltag. Häufig sind diese Erkrankungen auf steigenden Termindruck, ein erhöhtes Arbeitspensum und fehlende Bewegung zurückzuführen.

In diesem Zusammenhang schlägt die Weltgesundheitsorganisation (WHO) Alarm. Die WHO hat unter allen gesundheitlichen Risikofaktoren den Bewegungsmangel auf den ersten Platz gesetzt. Das sollte allen Managern unter Ihnen – und nicht nur denen – zu denken geben.

Alles Gute für die Gesundheit: sich regen bringt Segen

Ob Hausfrau oder Vorstand: Generell gilt, dass Bewegung gegen viele chronische Erkrankungen Schutz bietet. Mit ausgewogener Ernährung

kombiniert, senkt sie die Gefahr von Bluthochdruck, Schlaganfall, Knochenschwund oder Depressionen. Auch Schlafstörungen bekommen Sie mit körperlicher Betätigung in den Griff.
Alle möglichen Organe und Abläufe profitieren von Ihren körperlichen Aktivitäten. Der Blutdruck normalisiert sich, der Stoffwechsel arbeitet wieder stabil, der Cholesterinspiegel sinkt, das Herz wird gestärkt, die Lungenkapazität bessert sich, das Immunsystem erhält mehr Abwehrkräfte, Knochen und Muskeln werden aufgebaut.

Auch seelisch wird es Ihnen wesentlich bessergehen, wenn Sie sich regelmäßig körperlich betätigen. Denn täglich ein wenig Sport hilft, den Stress abzubauen. Der Stoffwechsel kommt wieder ins Lot, Sie gewinnen das innere Gleichgewicht zurück.

Ein Prosit auf Ihre Gesundheit – gerade durch Sport wird Ihr Körper durstig

Achten Sie bitte darauf, dass Sie als sportlich aktiver Mensch viel trinken – und zwar erheblich mehr als gewöhnlich. Denn Ihr Flüssigkeitsbedarf liegt jetzt um ein Vielfaches höher. Hätten Sie gedacht, dass der Mensch während einer Stunde Inlineskatens bis zu zwei Liter Flüssigkeit verliert? Bei anderen Sportarten ist es ähnlich. Aus diesem Grund sollten Sie bereits vor dem Sport ausreichend trinken und zwischendurch nachlegen, wenn Sie über eine Stunde aktiv sind. Denn es reicht nicht aus, Ihren Flüssigkeitsverlust erst am Abend auszugleichen.

Machen Sie sich bitte folgendes bewusst: Wenn Sie nur zwei Prozent Ihres Körpergewichts an Flüssigkeit verlieren – das sind bei einer 70 kg schweren Person immerhin 1,5 Liter – lässt Ihre Konzentrationsfähigkeit und Ausdauer merklich nach. Steigt der Verlust über vier Prozent, nimmt Ihre Kraft rapide ab. Kommt es gar zu einer vollständigen Entwässerung, kann dies zu Schwindelanfällen, Erbrechen, Muskelkrämpfen und Kreislaufversagen führen. Deshalb erinnern Sie sich: Trinken, trinken, trinken. Und was? Bewährt haben sich Mineralwasser, denen Sie Zitronensaft und eine Magnesium-Brausetablette zugeben. Auch Frucht- und Gemüse-Schorlen sind gute Durstlöscher.

Am Schluss dieses Kapitels laden wir Sie zu einem persönlichen Vitalitäts-Check ein. Der Test wurde von dem Ernährungsexperten und Sportmediziner Dr. J.L. Groppel, Florida/USA, im Rahmen eines Corporate Athlete®Training entwickelt und an deutsche Verhältnisse angepasst.

BRÜCKE ZUR UMSETZUNG

Machen Sie den Vitalitäts-Check

Überprüfen Sie einmal am Tag, am besten abends, was Sie alles für Ihren Körper getan haben. Dieser Check hilft Ihnen, sich aktiver mit Ihrer Gesundheit auseinanderzusetzen und Ihr Ernährungs- und Bewegungsbewusstsein zu schärfen.

	Ja	Nein
Ich habe gesund gefrühstückt.	☐	☐
Ich habe gezielt gegessen, um meine körperliche und geistige Leistungsfähigkeit dauerhaft auf ein hohes Niveau zu bringen.	☐	☐
Ich habe meine Mahlzeiten auf fünf Portionen verteilt.	☐	☐
Ich habe min. zwei Stück Obst gegessen.	☐	☐
Das Fett, das ich gegessen habe, bestand größtenteils aus ungesättigten Fettsäuren, zum Beispiel Olivenöl.	☐	☐
Ich habe Wurst mit wenig Fett gegessen (fettarme Wurst, Schinken ohne Fettrand).	☐	☐
Ich habe heute Morgen heiß-kalt geduscht.	☐	☐
Ich habe heute min. 1,5 Liter Wasser, Tee, Saftschorle getrunken.	☐	☐
Ich habe so wenig Zucker wie möglich gegessen, kaum Schokolade, Kuchen, Bonbons usw.	☐	☐
Ich habe auf Dessert verzichtet.	☐	☐
Ich habe ein Vollkornprodukt gegessen (Brot, Müsli).	☐	☐
Ich habe meinen Koffeinkonsum reduziert (2 Tassen Kaffee).	☐	☐
Ich habe heute auf Alkohol verzichtet.	☐	☐
Ich habe heute nicht den Aufzug, sondern die Treppe benutzt.	☐	☐
Ich habe mindestens zwei Portionen Gemüse gegessen.	☐	☐
Ich habe ein Etikett mit Nährwertangaben gelesen.	☐	☐
Ich bin mindestens eine halbe Stunde lang spazieren gegangen (zu Fuß zum Bäcker, eine U-Bahn-Station früher ausgestiegen).	☐	☐
Ich habe reichlich Ballaststoffe, Getreide und Gemüse gegessen.	☐	☐
Ich habe heute nur fettarmes Fleisch gegessen (z.B. Hühnchen oder Pute ohne Haut).	☐	☐
Ich habe heute wenig Butter oder Margarine gegessen.	☐	☐

Ich habe heute nie Durst aufkommen lassen.	☐	☐
Ich habe heute Gymnastik gemacht.	☐	☐
Ich habe heute mit Genuss gegessen.	☐	☐
Ich habe mich heute min. 30 Minuten ausdauernd bewegt (Joggen, Radfahren, Schwimmen, Aerobic usw.).	☐	☐
Ich habe heute mit Verstand gegessen.	☐	☐
Ich habe mir heute Zeit zum Essen genommen und jeden Bissen in Ruhe gekaut.	☐	☐
Meine Essgewohnheiten hatten keine Auswirkungen auf meinen Schlaf.	☐	☐
Ich habe zwischendurch rohes Gemüse geknabbert.	☐	☐

Auswertung: Geben Sie sich für jedes „Ja" einen Punkt. Ihr tägliches Ziel: 28 Punkte.
Tipp: Kopieren Sie diese Seiten, damit Sie sich einen längeren Zeitraum täglich beobachten können.

Diese Übung können Sie auch als Arbeitsblatt von unserer Website mdc24.com herunterladen.

Wenn Sie alle Ratschläge zu Sinnsuche, Fitness und gesunder Ernährung befolgen, werden Körper und Geist bereitwillig alles tun, um Ihr gesamtes Lebensrad rund laufen zu lassen.

Fazit:

- Halten Sie sich täglich die kleinen Dinge vor Augen, die Sie glücklich machen.
- Akzeptieren Sie, dass Sie Ihr Glück nicht abonnieren können.
- Machen Sie sich Ihre verschiedenen Rollen und Identitäten im Alltag bewusst und erschließen Sie sich neue Handlungsspielräume.
- Nutzen Sie gezielt Ihr persönliches Potenzial und profilieren Sie sich damit.
- Finden Sie Vision und Mission in Ihrem Leben.
- Vertrauen Sie Ihrer Intuition.
- Nehmen Sie sich Zeit für sich selbst.
- Ernähren Sie sich bewusst, ausgewogen, gesund und genießen Sie das Essen.
- Legen Sie jeden Tag (kleine) Bewegungseinheiten ein.

REFLEXION: Jetzt sind Sie dran: Denken Sie weiter

Sie haben sich gründlich umgeschaut. Was gibt Ihrem Leben Sinn? Wie beschreiben Sie jetzt Ihre Ziele? Wofür möchten Sie Verantwortung übernehmen? Wo wollen Sie wirklich hin?
Was möchten Sie Ihrem „ständigen Begleiter", dem Körper nun Gutes tun? Geben Sie Ihrem Gehirn eine stabile Basis, seien Sie fit und konzentriert. Essen Sie ab sofort nur das Beste – kalorienarm, ballaststoffreich, ohne Giftstoffe und appetitlich mit nur wenig „Geschmacksverstärkern" wie Fett und Salz. Haben Sie Lust auf Sport, weil Sie wissen, dass Bewegung alles so viel einfacher macht? Dann laufen Sie los – und nutzen Sie Sport und Fitness als Brücke in Ihr sinn-volles und leistungsstarkes Leben!

Speiche 2: Eigenmanagement & Organisation

In diesem Kapitel lernen Sie die acht Erfolgsgesetze des Eigenmanagements kennen und bereiten sich ausführlich auf deren Anwendung vor. Sie lernen Ihre Zielsetzung so zu gestalten, dass Sie mit Elan in die Umsetzung starten. Ihr Zeitmanagement bekommt Hand und Fuß: Sie werden zum Prioritätenmanager. Sie lernen Ihre Leistungskurve kennen und werden zukünftig nicht mehr gegen sie, sondern mit ihr arbeiten. Sie werden sich durch ein Erfolgs-Tagebuch selbst motivieren und erfahren, wie Sie ihre Kreativität zum Erfolg führen.

Viel haben Sie bisher schon für sich getan: Sie haben Ihre Vision beschrieben, sich Ihrer Mission genähert. Sie haben sich mit Ihrem Körper beschäftigt und erfahren, wie Sie vital und leistungsfähig bleiben. Nun geht es an die zweite Speiche Ihres Lebensrades: an die reale Umsetzung Ihrer Zukunftsvorstellungen. Denn ohne gezielte Planung bleibt alles auf der Ebene guter Vorsätze.

Dreh- und Angelpunkt dabei sind Sie selbst und Ihre Fähigkeit, Ihre Visionen konkret werden zu lassen. Es geht darum, sich Ziele zu setzen und den Weg dahin zu beschreiten. Schließlich wollen Sie nicht nur Visionär, sondern vor allem erfolgreicher Gestalter sein.

Genau das wird aber zur immer größeren Herausforderung. Die Anforderungen werden komplexer. Sie müssen immer schneller immer mehr Informationen verarbeiten und entscheiden, wie Sie handeln wollen. Und das, ohne sich Ihre Aktionen von Ereignissen diktieren zu lassen. Kurz: Sie müssen multitaskingfähig sein.

In diesem Kapitel geht es um Alltagsbewältigung. Denn gerade die zahlreichen stressbringenden Kleinigkeiten im Tagesablauf sind es, die uns auf Dauer zermürben. Ziel muss daher sein, sich selbst zu organisieren, um die Oberhand über den Lauf der Dinge zu behalten. Wie Sie das bewerkstelligen können, zeigen wir Ihnen jetzt.

Die acht Erfolgsgesetze des Eigenmanagements: Setzen Sie auf sich selbst

Ein gutes Eigenmanagement ist eine wichtige Voraussetzung, um den Alltag erfolgreich meistern können. Damit Ihnen das gelingt, haben wir für Sie die acht Erfolgsgesetze des Eigenmanagements zusammengestellt:

1. Übernehmen Sie die Verantwortung für Ihre Entscheidungen.
2. Formulieren Sie Ihre Ziele konkret und praxisnah.
3. Setzen Sie Prioritäten.
4. Planen und unternehmen Sie nach der ersten großen Anstrengung gleich die nächste.
5. Rechnen Sie mit der Macht des Alltags.
6. Steuern Sie sich selbst – unbedingt.
7. Glauben Sie ganz fest an sich.
8. Entwickeln Sie konkrete Vorstellungen, wie Sie Ihre Ziele umsetzen werden.

Wie Sie diese acht Erfolgsgesetze konkret anwenden können, vermitteln Ihnen die folgenden Abschnitte. Der erste und wichtigste Schritt dabei ist, mehr Selbst-bewusst-Sein zu entwickeln und die Verantwortung für Ihre persönlichen Entscheidungen zu übernehmen.

Mut zur Konsequenz – entscheiden Sie sich

Als Mensch, der sein Leben verantwortlich führt, treffen Sie Ihre eigenen Entscheidungen. Zum Beispiel ob Sie einen Arbeitsvertrag unterschreiben, Gehaltsverhandlungen führen, den Kaufvertrag für Ihr Haus besiegeln oder heiraten. Jeden Tag stehen Sie vor immer neuen Situationen, in denen Sie sich entscheiden müssen. Und sei es nur die Frage, ob Sie mittags einen Salatteller bestellen und auf das Schnitzel zu verzichten. Sie allein bestimmen, was Sie tun oder lassen wollen und tragen damit auch die Verantwortung für die Konsequenzen. Sie arbeiten mit einem Chef, der Sie mit seinen Eigenarten auf die Palme bringt. Sie verdienen nicht genügend Geld, um sich Ihre Träume zu erfüllen. Sie haben zehn Kilo Übergewicht, so dass Sie auf Ihr Lieblings-Outfit verzichten müssen. Es liegt ganz allein an Ihnen, daran etwas zu ändern.

„Aber –", wenden Sie jetzt möglicherweise ein, „ich bin doch nicht frei in meinen Entscheidungen. Ich muss doch Rücksicht auf meine Familie nehmen, für die ich die Verantwortung habe. Und außerdem gibt es noch Sachzwänge, denen man sich beugen muss."

Stimmt das wirklich? Gehen wir Ihre Argumentation einmal Schritt für Schritt durch. Denn Sachzwänge werden gerne als Ausrede herangezogen. Aber: Sind Sie tatsächlich schon einmal einer Sache begegnet, die einen Menschen zu etwas gezwungen hat? Hat Sie ein Stift jemals zum Schreiben genötigt? Eine Zigarette zum Rauchen? Ein Auto zum Fahren? Sogar ein Arbeitsplatz zwingt niemanden wirklich zum Arbeiten – wäre das so, hätten die Unternehmen eine Menge Sorgen weniger.

Trotzdem bleibt vielfach das Gefühl, nicht frei in den Entscheidungen zu sein. Die Erklärung dafür ist schnell gefunden: Wir sind häufig einfach nicht bereit, die Konsequenzen unserer Entscheidungen zu tragen. Obwohl wir unzufrieden sind, zögern wir, den Arbeitsplatz, den Wohnort oder den Lebenspartner zu wechseln. Weil es unbequem sein könnte und Veränderungen von uns verlangt. Stattdessen flüchten wir uns ins Lamentieren.

BRÜCKE ZUR UMSETZUNG

Worüber jammern Sie?

Wir alle jammern zwischendurch. Aber jeder von uns hat bestimmte Themen, über die wir regelmäßig lamentieren. Welches Thema ist das bei Ihnen? Was macht Sie so unzufrieden, dass Sie sich immer wieder damit beschäftigen – ohne die Situation zu ändern?

Schreiben Sie Ihr wichtiges „Jammerthema" auf. Notieren Sie dann alles, was positiv und negativ an der Situation ist. Schreiben Sie dann darunter den Satz: „Ich habe mich entschieden ..." An die Stelle der Punkte kommt natürlich Ihre Entscheidung.

Wann immer Sie sich dabei ertappen, zu jammern und zu lamentieren, gehen Sie die Übung in Gedanken – oder auf Papier – durch.

Konsequent angewendet, verhilft Ihnen diese Übung zu mehr Selbstbewusstsein und einer besseren Einschätzung Ihrer Möglichkeiten.

Ihr Jammer-Thema

....

....

An dieser Situation ist positiv/negativ

....

....

Ich habe mich entschieden ...

....

....

Diese Übung können Sie auch als Arbeitsblatt von unserer Website mdc24.com herunterladen.

Jammern Sie beispielsweise regelmäßig über Ihren Job, wird es Zeit, die Weichen neu zu stellen. Dabei sollen Sie selbstverständlich mit Ihrer Entscheidung nicht das Lebensglück Ihrer Familie oder Ihre finanzielle Existenz aufs Spiel setzen. Die Alternative: Entscheiden Sie sich bewusst dafür, aus finanziellen Gründen oder aus Sicherheitsdenken bei

Ihrem Arbeitgeber zu bleiben. Wie immer Sie sich in einer solchen Situation auch entscheiden – Sie werden Ihre guten Gründe dafür haben. Aber bekennen Sie sich auch dazu, dass Sie – und sonst niemand – für Ihre Entscheidung verantwortlich sind. Diese positive Einstellung wird Ihr Selbstbewusstsein ungemein stärken. Denn nun, da Sie die Verantwortung für die eigene Situation übernehmen, stehen Ihnen wesentlich mehr Möglichkeiten zur Verfügung, um mit Selbstvertrauen und Zuversicht Ihr Leben zu gestalten. So, wie Sie es sich wünschen.

Die nächste Übung gibt Ihnen Gelegenheit, Ihr individuelles Entscheidungsverhalten genauer unter die Lupe zu nehmen.

Das Ziel exakt im Visier – Kursbestimmung als Orientierungshilfe

Sie haben sich entschlossen, Verantwortung für Ihre persönlichen Entscheidungen zu übernehmen, und können mit dem Aufbau eines effizienten Eigenmanagements fortfahren. A und O für eine wirkungsvolle Organisation des eigenen Lebens ist die genaue Definition Ihrer Ziele. Bevor Sie losmarschieren, müssen Sie wissen, wohin Sie überhaupt wollen. Auf dem Weg dient eine exakte Zielsetzung als Motivation und Orientierungshilfe. Schließlich können Sie anhand der Zielvorgabe feststellen, ob Ihre Anstrengung erfolgreich war oder nicht.
Schreiben Sie bitte jetzt eines Ihrer Ziele im Rahmen der nächsten Übung auf.

BRÜCKE ZUR UMSETZUNG

Zielformulierung: der Einstieg
Schreiben Sie an dieser Stelle ein beliebiges Ziel auf, das Sie haben. Überprüfen Sie, wie motivierend es auf Sie wirkt. Zieht es Sie bereits unwiderstehlich auf sich zu?
Sie brauchen diese Übung, um später an der Zielformulierung weiter zu arbeiten.

Mein Ziel:

....

Diese Übung können Sie auch als Arbeitsblatt von unserer Website mdc24.com herunterladen.

Ihr Ziel ist nun definiert. Jetzt stellt sich die Frage, ob dieses Ziel alle Bedingungen für eine erfolgreiche Umsetzung erfüllt – ob es motiviert, Orientierungshilfe gibt und beim Erreichen ein Erfolgserlebnis verspricht. Um dies zu prüfen, haben wir Ihnen eine Brücke gebaut: Ziele müssen SMART sein. Dabei steht jeder Buchstabe des Wortes SMART für eine Eigenschaft, die Ziele besitzen müssen.

S = Sinnesspezifisch: Mit allen Sinnen das Erreichte wahrnehmen

Ihr Ziel sollte so beschrieben sein, dass Sie es mit Ihren Sinnen erkennen, sobald Sie angelangt sind. Mit anderen Worten: Augen, Ohren, Zunge, Nase, Haut und Bauch können wahrnehmen, dass Sie am Ziel sind.

Ein Beispiel wird Ihnen verdeutlichen, was gemeint ist. Nehmen wir an, Ihr Ziel ist es, reich zu sein. Auf die Sinne bezogen bedeutet das: Welche Zahl in welcher Währung sehen Sie auf Ihrem Kontoauszug? Wie hört sich das Knistern eines 500-Euro-Scheins an? Wie fühlt sich die Kleidung an, die Sie sich jetzt leisten können? Wie schmeckt das Essen im Sterne-Restaurant? Welchen Duft hat das exklusive Parfum einer französischen Nobelmarke, das Ihre Frau inzwischen benutzt? Oder das teure Rasierwasser Ihres Mannes? Was empfinden Sie in Ihrem großen neuen Büro ganz oben auf der Chef-Etage?

Denkanstoß:
Machen Sie sich Ihre Ziele schmackhaft – denn Erfolg ist greifbar, und so packen Sie Ihren Erfolg im Wortsinn an!

Dies alles sind Fragen, die Ihnen bei der sinnspezifischen Zielformulierung helfen. Wichtig ist in diesem Zusammenhang auch, sich bewusst zu werden, ob der eine oder andere Sinneseindruck für Sie eine besondere Bedeutung hat. Konzentrieren Sie sich auf solche Wahrnehmungen, weil diese sicherlich die stärkste Motivation in Ihnen auslösen werden. Allerdings ohne die anderen ganz zu vernachlässigen.

M = Messbar: Von Zahlen und anderen Größen

Bleiben wir noch ein wenig bei dem Beispiel „Reichsein". Was meinen Sie: Wie viel Vermögen brauchen Sie, um sich selbst reich zu fühlen? Schwer zu beantworten. Schaut man sich unter den reichen Leuten auf der Welt um, stellt man fest, dass viele von ihnen noch nicht genug haben und immer weiter scheffeln. Glücklicher werden sie dabei vermutlich nicht. Denn sie sind in ihren Zielen maßlos geworden. Sie können es nicht messen, weil sie ihrem Ziel keinen messbaren Wert zugewiesen haben. Damit verschenken sie aber einen der erhebendsten Momente im Leben eines Menschen: Ein selbst gestecktes Ziel erreicht zu haben. Aus diesem Grund müssen Sie Ihre Ziele messbar formulieren. Nur so sind Sie in der Lage, das Erfolgserlebnis bei Zielerreichung auszukosten und sich danach neuen Aufgaben zuzuwenden. Anderenfalls besteht die Gefahr, dass Sie von einem einzigen Ziel aufgefressen werden – weil es Ihr gesamtes Leben dominiert, ohne dass Sie es je erreichen könnten.

Was aber ist messbar? Sicherlich alles, was sich in Zahlen fassen lässt. Ihr Kontostand in Euro, Ihre Umsatzrendite in Prozent, die Ausschüttung ausländischer Dividenden in Franken oder Dollar.

Neben den Zahlen stehen uns noch weitere Messinstrumente zur Verfügung – wichtig für alle Ziele, die nicht materiell sind. Beispielsweise können Sie auch an Ihren Gefühlen, die Sie in einer bestimmten Situation empfinden, abmessen, wie nah Sie Ihrem Ziel bereits gekommen sind: Wenn Sie sich frei und unabhängig fühlen, sind Sie reich. Wenn Sie keine Sorgen mehr plagen, sind Sie glücklich. Wenn Sie Sport als Vergnügen und nicht nur als Qual empfinden, sind Sie fit. Auf diese Weise dienen Ihre Empfindungen als Indikator für einen erreichten Zustand und geben Ihnen Gewissheit, am Ziel zu sein.

Denkanstoß:
Halten Sie Maß in allen Lebensbereichen. Auch, was Ihre persönlichen Ziele angeht. Stecken Sie sie sehr hoch, aber nicht unerreichbar hoch!

A = Anspruchsvoll und attraktiv: Legen Sie die Latte auf die richtige Höhe

Ziele, die Sie mit links erreichen, können Sie sich schenken. Denn nur Routine zu bewältigen, macht zum einen keinen Spaß und bringt Sie zum anderen auch nicht weiter. Zudem kommt Langeweile auf, was wiederum dazu führt, dass sich Fehler in die Umsetzung einschleichen. Einfach deshalb, weil Sie aufgrund der vermeintlich leichten Aufgabe unaufmerksam und nachlässig werden. Auf der anderen Seite sind Ziele, die sich unmöglich oder kaum realisieren lassen, in ihren Auswirkungen ebenso fatal. Denn sie demotivieren und bringen Frust. Wozu sich anstrengen, wenn das Ziel sowieso nicht zu schaffen ist?
Es kommt also darauf an, auf dem schmalen Grat zwischen Unter- und Überforderung zu balancieren. Den Königsweg für sich zu finden. Und das ist gar nicht so schwer, wie wir glauben. Sammeln Sie Erfahrungen. Legen Sie die Latte auf und probieren Sie aus, ob Sie reißen oder locker darüber springen. Je nachdem passen Sie die Lattenhöhe Ihren Fähigkeiten entsprechend an, bis Sie das ideale Maß der persönlichen Herausforderung gefunden haben.
Ist dies geschafft, sollten Sie sich klarmachen, warum Sie gerade dieses Ziel erreichen möchten. Dieses Wissen erleichtert es Ihnen, Ressourcen zu wecken, wenn der Weg steiniger wird. Führen Sie sich vor Augen, was sich durch das Erreichen des Zieles für Sie bessert. Fragen Sie sich, warum Sie sich dieses Ziel gesetzt haben: Nehmen Sie die Anstrengungen wirklich für sich selbst in Kauf oder wollen Sie anderen damit gefallen? Möchten Sie Karriere machen, um Ihre Möglichkeiten weiter zu entwickeln oder weil Ihr Partner es von Ihnen verlangt? Alle diese Gründe sind durchaus legitim. Sie zu erkennen hilft dabei, mit sich selbst ins Reine zu kommen. Dies ist wichtig für den Fall, dass auf dem Weg zum Ziel Hindernisse auftauchen. In diesem Fall müssen Sie nämlich wissen,

woher Sie die Kraft nehmen können, um diese Probleme beiseite zu räumen.

R = Realisierbar: Verlassen Sie sich nicht auf andere

Setzen Sie sich nur solche Ziele, die Sie aus eigener Kraft erreichen können. Machen Sie sich nicht von anderen Menschen oder Einflüssen abhängig. Geben Sie auf keinen Fall das Heft des Handelns aus der Hand. Denn dann besteht die Gefahr des Scheiterns und der Frustration, da Sie keine Macht über die Entwicklung des Prozesses haben.

Dies ist auch einer der Gründe, weshalb gerade in den sozialen Berufen so häufig das Burnout-Syndrom auftritt. Zu oft bleibt das Ziel auf der Strecke, weil sich Menschen nicht einfach so ändern lassen oder weil schlicht die Mittel für eine erfolgreiche Umsetzung fehlen. Ein Drogenberater kann noch so gute Arbeit leisten: Wenn der Junkie nicht clean werden will, wird er es nicht.
Deshalb unser praktischer Tipp: Wenn Sie sich etwas vorgenommen haben, was auch von anderen Menschen abhängt, machen Sie sich Ihren persönlichen Part an dem Ziel bewusst und verändern Sie die Zielsetzung so lange, bis Sie den größten und entscheidenden Anteil an der Realisierung haben. Diese Methode hilft Ihnen auch, Ihre Möglichkeiten praxisnah zu bewerten und sich vor Fehleinschätzungen zu schützen.

T = Timing: Den Erfolg gibt's stückchenweise

Kein Ziel ohne Zeithorizont! Diese Regel sollten Sie unbedingt beherzigen. Denn wenn die Zeitmarke fehlt, sind Sie außerstande zu beurteilen, ob Sie ein Ziel umgesetzt haben oder nicht. Sie könnten endlos weitermachen und wüssten nichts über Ihren aktuellen Status.
Bei Aufgaben, die weit in die Zukunft reichen, wäre es wenig sinnvoll, bis zum Ablauf der Frist mit der Soll-Ist-Analyse zu warten. Drei Jahre zum Beispiel sind einfach zu lang. Aus diesem Grund empfiehlt es sich, kleinere Zeiteinheiten für die Überprüfung des bisher Erreichten zu wählen. Legen Sie dazu den Starttermin für den ersten Schritt fest. Denken Sie daran, dass die Wahrscheinlichkeit, aktiv zu werden, rapide nachlässt,

wenn Sie diesen ersten Schritt nicht innerhalb der nächsten 72 Stunden ausführen. Setzen Sie dann Meilensteine für spätere Checks. Etwa: Wenn ich eine Million Euro in diesem Jahr umsetzen möchte, müssen im ersten Quartal des Jahre 250.000 Euro erzielt werden. Diese Vorgehensweise hat einen entscheidenden Vorteil: Sie können frühzeitig entscheiden, ob und welche Korrekturen unterwegs zum Ziel notwendig sind. Darüber hinaus erhöht sich für Sie die Frequenz der Erfolgserlebnisse. Nicht erst nach einigen Jahren, sondern bereits nach kurzer Zeit haben Sie das gute Gefühl, sich auf dem richtigen Weg zu befinden. Und dieses positive Empfinden wiederholt sich immer wieder, bis Sie endlich Ihre Absicht voll und ganz verwirklich haben. Das bringt einen kräftigen Schub für Ihre Motivation.

Zielkonflikte konstruktiv lösen – Think positive!

Gute Arbeit: Ihr Ziel erfüllt nun alle Bedingungen von SMART. Bevor Sie sich an die schriftliche Formulierung Ihres Vorhabens begeben, werfen Sie einen Blick auf Ihre übrigen Zielsetzungen. Verträgt sich das neue Ziel mit Ihren anderen Zielen? Oder kommt es beispielsweise zwischen beruflichen und privaten Planungen zum Konflikt, wenn Sie an Ihr Wertesystem aus dem Kapitel „Auf dem Weg zum Glück“ denken? Passen Sie Ihre Zielvorstellung entsprechend an oder bilden Sie eine Hierarchie Ihrer Ziele. Schaffen Sie Zeitfenster für jedes große Ziel. Es gibt viele Wege, mit Zielkonflikten konstruktiv umzugehen.
Fragen Sie sich bitte auch, wie Ihr Umfeld auf Ihre Absicht reagieren wird und wie Sie selbst mit eventuellen negativen Reaktionen umgehen werden. Je nach Zielsetzung kann es durchaus sein, dass Sie Ihr Ziel lieber für sich behalten wollen, statt es öffentlich bekannt zu machen. Alle Erkenntnisse, die sich aus diesen Überlegungen ergeben, lassen Sie in Ihre Zielvorstellungen einfließen.

Nach dieser gründlichen Vorbereitung können Sie jetzt nach der passenden Formulierung Ihres Ziels suchen. Beachten Sie dabei unbedingt: Negationen wie das Wörtchen „nicht“ haben in einer guten Zielformulierung nichts zu suchen! Es geht nicht darum, von etwas weg zu kommen. Sondern darum, zu etwas hin zu gelangen, was Sie erreichen möchten.

Formulieren Sie Ihr Ziel positiv!

Es ist geradezu eine Zwangsläufigkeit, dass Negativ-Ziele oft den gegenteiligen Effekt zum Gewünschten, nämlich ein negatives Ergebnis, bewirken. Stellen Sie sich einmal einen Rodelberg vor, an dessen Fuß eine einzelne Eiche steht. Natürlich nehmen sich die meisten Rodler vor, nicht gegen diesen Baum zu fahren. Was aber geschieht? Prompt prallt die Mehrzahl der Schlitten geradewegs gegen dieses Hindernis. Hätten sich die Betroffenen stattdessen eine Strecke ausgesucht, die am Baum vorbeiführt, wären viele von ihnen sicher heil unten angekommen. Das hängt damit zusammen, dass unser Gehirn nicht in der Lage ist, die Aufforderung „nicht“ zu befolgen. Wenn wir Sie jetzt bitten, NICHT an einen blauen Elefanten zu denken, können Sie sich gegen das Bild diesen blauen Elefanten kaum noch wehren. Je mehr wir etwas ablehnen, desto stärker konzentrieren wir uns darauf und desto stärker machen wir es. Sie kennen sicherlich genügend Beispiele aus Ihrem eigenen Leben. Quintessenz für Sie: Statt „Ich will nicht“ sagen Sie „Ich will dieses oder jenes erreichen“. Statt „Ich will nicht mehr rauchen“ sagen Sie „Ich will frei atmen und entspannt die Treppen steigen“.

Denkanstoß:
Verlierer vergleichen ihre Leistung mit anderen. Sieger vergleichen ihre Leistung mit ihren vorher gesteckten Zielen.

Der zweite Grund ist, dass Ihr Ziel schließlich vor Ihnen liegt. Aus dem „Ich will nicht“ beziehen Sie die Energie, überhaupt zu starten. Sie brauchen aber auch eine klare Richtung – und die gibt das Ziel vor. Ohne diese Orientierung irren Sie eine Weile planlos umher und wundern sich, dass Sie wieder an Ihrem Ausgangspunkt – der nächsten Zigarette – ankommen. Auch Vergleiche haben nichts in Ihrer Formulierung verloren. Wenn Sie von einer Sache mehr oder weniger erreichen wollen, bleibt die Zielsetzung schwammig und ungenau. Geben Sie deshalb absolute Werte an. Und: Benutzen Sie die Gegenwartsform. Tun Sie so, als wären Sie bereits am Ziel angelangt. Das könnte etwa folgendermaßen aussehen:

„Es ist der 31.12.2020. Ich lade die aktuellen Daten meines Aktiendepots herunter und schaue mir den Depotwert an. Er liegt bei 500.000 Euro. Ich spüre in mir ein Gefühl von Sicherheit und Freiheit. Denn es ist gut, 500.000 Euro zu besitzen."

Zum Abschluss haben wir noch eine Übung für Sie. Dabei geht es darum, Ihr Ziel nach den beschriebenen SMART-Regeln zu Papier zu bringen.

BRÜCKE ZUR UMSETZUNG

Formulieren Sie ein SMARTes Ziel

Formulieren Sie Ihr Ziel aus der vorherigen Übung so, dass es den Kriterien der SMARTen Zielformulierung entspricht. Formulieren Sie es positiv, ohne Vergleich und in der Gegenwartsform. Durch diese Übung erreichen Sie eine deutlich höhere Sogwirkung Ihrer Ziele und richten Ihr Unterbewusstsein auf das Erreichen Ihrer Ziele aus.

Mein Ziel:

....

Diese Übung können Sie auch als Arbeitsblatt von unserer Website mdc24.com herunterladen.

Wichtigkeit und Dringlichkeit – setzen Sie Prioritäten

Gratulation! Ihr Ziel ist perfekt definiert – nun können Sie es direkt nutzen, um den nächsten Schritt in Angriff zu nehmen. Denn mit der Zielformulierung hat sich real noch nichts bewegt oder geändert. Auf Ihrem Schreibtisch herrscht noch immer das gleiche Durcheinander. Doch das wird sich bald ändern.

Um Ordnung in den Alltag zu bringen, leistet das sogenannte Eisenhower-Prinzip gute Dienste. Dem ehemaligen amerikanischen Präsidenten wird nachgesagt, dass er alle seine Aufgaben nur nach Wichtigkeit und Dringlichkeit unterschieden hat. Dabei handelte er nach der Maxime „Wichtiges vor Dringlichem". Denn seine Erfahrung hatte ihm gezeigt, dass Wichtiges selten dringlich und Dringliches selten wichtig ist. Das werden Sie wahrscheinlich bestätigen können, wenn Sie an Ihr übliches Tagesgeschäft denken. Hier steht allerdings meist die Dringlichkeit in Form von Terminzwängen und Zeitdruck im Vordergrund. Das Telefon suggeriert uns in besonderer Weise die Dringlichkeit von oft unwichtigen Dingen. Am Abend haben Sie dann viel getan und auch einiges erledigt, aber zu den wirklich wichtigen Dingen sind Sie wieder nicht gekommen. Es gilt also, in Zukunft Prioritäten zu setzen.

Was aber ist nun das Wichtige? Ganz einfach: Alles, was Sie näher an Ihr Ziel bringt. Wir wollen nun zusammen versuchen, aus diesem Modell einen Leitfaden für konkretes Handeln abzuleiten. Dazu schreiben Sie bitte als Übung sämtliche Aktivitäten auf, die Sie im Laufe eines Zeitabschnitts – das kann ein Tag oder eine Woche sein – zu erledigen haben.

BRÜCKE ZUR UMSETZUNG

Sammeln Sie Ihre Aktivitäten.
Schreiben Sie alle Aktivitäten, die im Moment anstehen, auf ein Blatt Papier.

Meine Aktivitäten:

....

....

Diese Übung können Sie auch als Arbeitsblatt von unserer Website mdc24.com herunterladen.

Das Wichtige finden und das Richtige tun

Jetzt geht es darum, diese Aktivitäten nach Vorrangigkeit zu sortieren. Dringende Aufgaben haben einen festen, in der Regel sehr nahen Termin, an dem Sie abgeschlossen werden müssen. Dazu gehören beispielsweise Präsentationen, Vorbereitungen für Kundentermine, Produktions-Deadlines, usw. Wichtige Aufgaben sind eher strategischer, langfristiger und präventiver Natur, sie setzen die Leitlinien für die nächste Zeit und sind von den Auswirkungen her gewichtig. Aufgaben lassen sich gemäß des oft verwendeten Eisenhower-Prinzips in vier verschiedene Klassen einteilen, die sich wie in der Grafik auf der Folgeseite darstellen lassen:

Aufgabenklasse A beinhaltet Aufgaben, die dringend und wichtig sind. Oft handelt es sich um eine Krisensituation, beispielsweise wenn viel auf dem Spiel steht (= wichtig) und wenn Probleme schnell gelöst werden müssen (= dringend).

Aufgaben der Klasse B sind solche, die im Augenblick nicht dringend wirken, die aber für die Zukunft wichtig sind.
Wenn Sie Aufgaben der Klasse B vernachlässigen, geraten Sie möglicherweise schnell in eine Krisensituation. Dann werden aus den B-Aufgaben sofort A-Aufgaben. Zu den B-Aufgaben gehören oft Aktivitäten, die einen präventiven oder strategischen Charakter haben.

In die **Aufgabenklasse C** gehört das typische Tagesgeschäft.
Es handelt sich dabei um solche Aufgaben, die dringend (weil sie schnell erledigt werden müssen) aber langfristig gesehen nicht wichtig sind. Solche Aufgaben können delegiert oder durch eine bessere Organisation verkürzt werden.

D-Aufgaben sind weder dringend noch wichtig.
Welche Aufgaben tatsächlich D-Aufgaben sind, können Sie nur für sich selbst entscheiden. Es gilt zu überprüfen, ob Sie solche Aufgaben überhaupt erledigen wollen. Es kann zum Beispiel sein, dass Ihnen eine D-Aufgabe viel Freude bereitet, auch wenn Sie eigentlich keine große Bedeutung hat. Sie können im Bereich der D-Aufgaben leicht Zeit sparen, sollten aber auch darauf achten, dass es manchmal schön ist und guttut, etwas zu tun, das weder wichtig noch dringend ist. Im Rahmen des Zeitmanagements gilt die Richtlinie: D-Aufgaben erst dann erledigen, wenn Sie die anderen Aufgaben abgearbeitet haben.

Am besten, Sie setzen gleich mal in die Praxis um, was Sie eben gelernt haben. Ordnen Sie Ihre Aktivitäten bitte in der nächsten Übung.

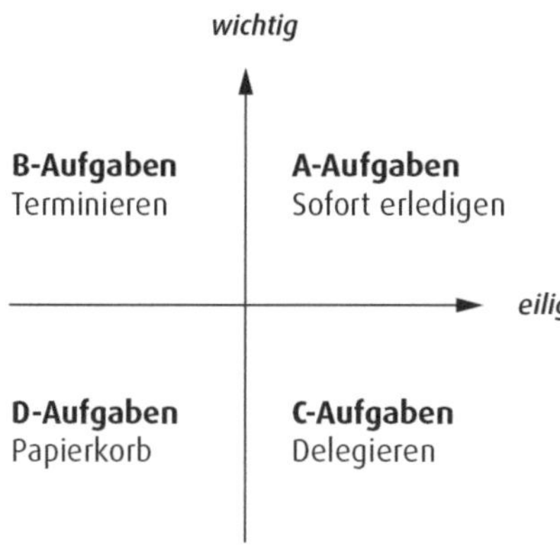

Abb. 5: Wichtig oder dringend: Die Quadranten im Eisenhower-Prinzip
Quelle: eigene Darstellung nach dem bekannten Modell ohne Zitabilität

BRÜCKE ZUR UMSETZUNG

Priorisieren Sie Ihre Aktivitäten
Nehmen Sie jetzt bitte Ihre Aktivitätenliste aus der vorherigen Übung und sortieren sie nach den entsprechenden Prioritäten.

Priorität **A** (wichtig und dringlich):

....

Priorität **B** (wichtig und nicht dringlich):

....

Priorität **C** (nicht wichtig aber dringlich):

....

Priorität **D** (weder wichtig noch dringlich):

....

Diese Übung können Sie auch als Arbeitsblatt von unserer Website mdc24.com herunterladen.

Aus den Augen, aus dem Sinn – vergessene Termine machen doppelt Arbeit

Ist Ihnen bei dieser Übung etwas aufgefallen? Höchstwahrscheinlich geht es Ihnen wie den meisten Menschen: Die Aktivitäten der Klasse A sind klar in der Überzahl. Grund für dieses Phänomen ist häufig eine Prioritätenliste, die lange Zeit falsch geführt wurde. Differenzieren Sie, denken Sie weitsichtig und strategisch. Sie sind kein Krisenmanager oder Feuerwehrmann, der sofort an allen Ecken und Enden löschen muss. Sie müssen keineswegs alles umgehend erledigen, sondern können mit Bedacht Ihre Handlungen organisieren.

Denkanstoß:
Planen Sie Ihre Aktivitäten sorgfältig. Ihr Tag ist wertvoll!

In diesem Zusammenhang ist auch von Bedeutung, dass Aufgaben, die noch weit in der Zukunft liegen, an Dringlichkeit verlieren und von uns deswegen nicht beachtet werden. Sie kennen die Situation: „Plötzlich ist Weihnachten und ich habe noch gar keine Geschenke!" So kommt es, dass ursprünglich leicht zu terminierende Arbeiten in Vergessenheit geraten und dann mit aller Wucht geballt auf uns einstürzen. Schon sind wir wieder im Stress, handeln hektisch und haben keinen Blick mehr für andere B-Aktivitäten – womit der Teufelskreis von neuem beginnt.

Und ja: P steht für Papierkorb. Auch hier gibt es übrigens einen guten Trick – zumindest für alle, denen wegwerfen schwerfällt: Versuchen Sie es einmal mit einem zweiten Papierkorb, der nur einmal im Monat gelehrt wird. Was Sie in dieser Frist nicht vermisst haben, werden Sie wohl auch in Zukunft nicht brauchen. Anderer Vorschlag: Die Komposttechnik. Alles, was Sie nicht einschätzen können, legen Sie auf einen großen Stapel. Nach einem halben Jahr geben Sie den untersten Teil dieses Stapels in den Müll. Diese Sachen werden Sie sowieso nie mehr benötigen.

Einfach nach Plan: In fünf Schritten zum Prioritäten-Manager

Um zu vermeiden, dass scheinbar nicht dringliche Termine auf einmal kritisch werden, gibt es einen sicheren Weg: Werden Sie ein gewiefter Prioritäten-Manager im Sinne von Steven Covey! Dazu haben wir einen 5-Punkte-Plan vorbereitet, den Sie gewissenhaft befolgen sollten.

Punkt 1: Investieren

Machen Sie sich klar, dass es ohne persönlichen Einsatz keine Gegenleistung gibt. Also nehmen Sie sich Zeit, um Ihre Arbeit effizient und neu zu organisieren oder um Personal zu finden, das Sie dabei unterstützt. Investieren Sie ausreichend Geld, um bessere Organisationsmittel anzuschaffen und Ihre Mitarbeiter angemessen zu bezahlen. Handeln Sie im Übrigen nach dem beschriebenen Schema: D- bzw. P-Prioritäten wegwerfen, C-Prioritäten konsequent an andere delegieren. Das heißt, dass Sie sich unter Umständen von lieb gewonnenen Gewohnheiten trennen müssen. Gleichzeitig sollten Sie anerkennen, dass Sie kein perfekter Allrounder sind, sondern andere Menschen bestimmte Dinge besser können als Sie. Lernen Sie loszulassen. Denn erst dann, wenn Sie die Hände frei haben, können Sie neue Chancen ergreifen.

Punkt 2: Mitarbeiter fördern

Das Delegieren der C-Prioritäten ist nur der Anfang. Wirkliche Entlastung erfahren Sie erst, wenn Ihre Mitarbeiter auf der gleichen Wellenlänge liegen wie Sie. Versetzen Sie Ihr Team durch gezielte Information und Motivation in die Lage, genauso zu denken und zu handeln, wie Sie es in vergleichbaren Situationen tun würden. Dann können Sie immer komplexere und wichtigere Aufgaben abgeben und sich selbst den visionären Themen widmen, die Sie Ihren Zielen tatsächlich näherbringen. Denken Sie bitte daran: Wer sich unentbehrlich macht, nimmt sich die Chance zur Weiterentwicklung.

Punkt 3: Nein Sagen

Prägen Sie sich ganz fest ein: Es geht allein um Ihre Ziele und nicht um die der anderen. Handeln Sie danach. Lassen Sie sich nicht vor einen

Karren spannen, den Sie gar nicht ziehen wollen. Zwingen Sie sich, nachdrücklich Nein zu sagen. Und bleiben Sie bei Ihrer Entscheidung mit allen Konsequenzen. Auch wenn es manchmal schwerfällt, die Verantwortung für die Folgen zu übernehmen.

Punkt 4: Diszipliniert und konsequent sein

Zu diesem Punkt passt eine Geschichte aus England. Ein Gartenbesitzer wurde einmal gefragt, was er unternehme, damit sein Rasen so gepflegt aussehe. „Schneiden und wässern...", antwortete der Mann. „Das mache ich auch. Aber trotzdem ist mein Rasen lange nicht so schön wie Ihrer", entgegnete der andere. Darauf ergänzte der Engländer seinen Satz und bemerkte: „ ... seit hundert Jahren."

Denkanstoß:
Verfolgen Sie Ihre Ziele mit aller Konsequenz. Denn ohne Durchhaltevermögen kann niemand auf Dauer etwas erreichen.

Auf unser Thema übertragen bedeutet das: Wenn Sie die ersten drei Punkte unseres Prioritäten-Manager-Plans nicht konsequent und diszipliniert weiterverfolgen, entfachen Sie lediglich ein Strohfeuer mit begrenzter Wirkung. Achten Sie also darauf, was Ihnen wirklich etwas bringt – und machen Sie es zur Gewohnheit. Denken Sie außerdem daran, dass es in der Regel 21 Tage dauert, bis sich die Menschen an etwas Neues gewöhnt haben. Erst dann verlieren wir das ungewohnte Gefühl der Umstellung; das Neue wird alltäglich.

Punkt 5: Starten Sie jetzt

Noch ist alles blanke Theorie. Doch die besten Vorsätze sind Makulatur, wenn Sie nicht aktiv werden und sie umsetzen. Deshalb handeln Sie ab sofort planmäßig nach unserem 5-Punkte-Modell. Sie werden sehen: Bald besitzen Sie alle Fähigkeiten, die einen tüchtigen Prioritäten-Manager auszeichnen. Peu à peu verbessern sich die Arbeitsabläufe, Sie gewinnen Zeit, sich um die wirklich wesentlichen Dinge zu kümmern. Das verschafft Ihnen ein Mehr an Lebensqualität und Wohlbefinden. Verlieren Sie keine Zeit und wenden Sie gleich der nächsten Übung zu. Dabei geht es darum, Ihren persönlichen Aktions-Plan als Prioritäten-Manager aufzustellen.

BRÜCKE ZUR UMSETZUNG

Ihr persönlicher Aktionsplan zum Prioritäten-Manager
Beantworten Sie bitte die folgenden Fragen. Sie erhalten dadurch Klarheit über Ihren Handlungsplan und können direkt loslegen.

Was werden Sie investieren, um Ihren A-Überschuss abzubauen?

....

Welche Mitarbeiter werden Sie fördern, um sich selbst zu entlasten?

....

Wozu werden Sie künftig NEIN sagen? Und wie werden Sie das schaffen?

....

Was wird Ihnen helfen, konsequent zu bleiben?

....

Von wem können Sie Unterstützung in Krisenzeiten erwarten?

....

Was ist Ihr erster Schritt? Woran merken Sie heute Abend, dass Sie angefangen haben?

....

Diese Übung können Sie auch als Arbeitsblatt von unserer Website mdc24.com herunterladen.

Die Zeit vergeht wie im Fluge: Geschwindigkeit ist relativ

Mag sein, dass von Ihrer Seite jetzt der Einwand kommt: „Alles schön und gut. Wenn die Tage länger wären, würde ich auch alles schaffen und in Ordnung bringen." Glauben Sie das wirklich? Der Knackpunkt ist nämlich nicht, dass Sie zu wenig Zeit haben. Das können Sie schon daran erkennen, dass zwar jedem Menschen ungefähr gleich viel Zeit zur Verfügung steht, manche aber offensichtlich in dieser Spanne wesentlich mehr schaffen als andere. Es kommt folglich nur darauf an, was Sie mit Ihrer Zeit machen.

Ist Ihnen schon einmal aufgefallen, dass Ihnen je nach Tätigkeit eine Stunde unterschiedlich lang vorkommt? Wenn Sie in diesen 60 Minuten etwas Unangenehmes, Lästiges erledigen, was Ihnen überhaupt keinen Spaß bringt, dann scheint diese Stunde nie vorbeigehen zu wollen. Wenn Sie dagegen in ein anregendes Gespräch vertieft sind oder einen spannenden Fernseh-Krimi sehen, fliegt die Zeit nur so dahin. Die Ursache für dieses unterschiedliche Empfinden liegt in Ihrer persönlichen Präsenz begründet. Sobald Sie hundertprozentig engagiert und bei der Sache sind, wird der Faktor Zeit zur Nebensache. Müssen Sie sich jedoch mit einer Aufgabe beschäftigen, die Sie nicht interessiert, wird das Zeitgefühl zu der dominierenden Komponente.
Sie möchten gerne erfahren, wie das Phänomen Zeit sich bei Ihnen auswirkt? In der folgenden Übung können Sie es feststellen.

BRÜCKE ZUR UMSETZUNG

Machen Sie sich Ihr Zeitempfinden bewusst
Beantworten Sie bitte die folgenden Fragen.
Dadurch erhalten Sie Hinweise darauf, wie Sie mit Ihrer Zeit umgehen.

Wann vergeht meine Zeit schnell/ langsam?

....

Wofür habe ich zu wenig Zeit?

....

Bei welchen Aktivitäten fühle ich mich präsent?

....

Welche zeitlichen Ungleichgewichte bei meinen Zielen spüre ich?

....

Welche Schlussfolgerungen ziehe ich daraus?

....

Diese Übung können Sie auch als Arbeitsblatt von unserer Website mdc24.com herunterladen.

Alles fließt – das ultimative FLOW-Erlebnis

Das hundertprozentige Einlassen auf das Hier und Jetzt definiert der Autor Mihaly Csikczentmihalyi als ein Element des sogenannten FLOW-Erlebnisses. FLOW kommt aus dem Englischen und bedeutet so viel wie Strömen oder Fließen. Auf unser Thema bezogen könnte man sagen: Das FLOW-Erlebnis beschreibt das völlige Verschmelzen mit dem Moment, verbunden mit Entspannung, völliger Konzentration und einem unbeschreiblichen Hochgefühl. Zugleich entwickelt sich die Fähigkeit, Spitzenleistungen zu erbringen.
Im Gegensatz zu alltäglichen Geschehnissen zeichnet sich das FLOW-Erlebnis durch neun Merkmale aus:

1. Klare Ziele: Im FLOW wissen Sie genau, was zu tun ist und wohin die Reise geht.
2. Unmittelbares Feedback: Ihnen ist sofort klar, wie gut Sie eine Sache machen.
3. Gleichgewicht zwischen Aufgabe und Fähigkeiten: Sie bewegen sich auf dem schmalen Grat zwischen Überforderung und Langeweile.
4. Einheit: Denken und Handeln sind eins. Sie konzentrieren sich voll auf das, was Sie gerade tun.
5. Keine Ablenkungen: Sie achten ausschließlich auf die Dinge, die für den Augenblick relevant sind.
6. Angstfreiheit: Sie sind zu beschäftigt, um über ein Scheitern nachzudenken.

7. Selbstvergessenheit: Sie gehen so in Ihrer Tätigkeit auf, dass Sie sich über Ihren Selbstschutz keine Gedanken machen.
8. Kein Zeitgefühl: Sie erleben Stunden wie Minuten, aber auch Sekunden wie eine Ewigkeit.
9. Der Weg ist das Ziel: Sie beginnen alle Aktivitäten zu genießen, die solch ein FLOW-Erlebnis auslösten.

In diesem außergewöhnlichen Zustand sind wir in der Lage, erstklassige Ergebnisse zu liefern. Ohne große Anstrengung, sondern mit einem herrlichen Gefühl von Leichtigkeit.

Wenn Sie FLOW-Erlebnisse bewusst herbeiführen wollen, sorgen Sie dafür, dass

- Ihre Ziele klar sind,
- Sie genau wissen, was Sie tun müssen, um sie zu erreichen,
- alle Störungen ausgeschaltet sind und
- Sie lieben, was Sie tun!

Keine halben Sachen machen: Gehen Sie aufs Ganze

Wir Menschen lieben unsere Bequemlichkeit. Deshalb strengen wir uns auch nur so sehr an, wie unbedingt erforderlich. Denn aus Erfahrung wissen wir: Auch wenn wir nicht alles geben, können wir uns bei vielen Gelegenheiten trotzdem ganz gut durchmogeln.
Dieses „Fahren mit angezogener Bremse" führt jedoch oft dazu, dass die Qualität des Ergebnisses nicht optimal ausfällt. Das stört uns wenig, solange es nicht auffliegt. Sauber ist diese Vorgehensweise aber keineswegs. Schon allein deswegen sollten Sie sich bei allem, was Sie unternehmen, hundertprozentig engagieren. Das heißt nicht, dass Sie mehr Zeit für die anstehenden Dinge erübrigen sollten. Sondern, dass Sie mit Herz und Seele bei der Sache sind.
Falls Sie trotzdem meinen, zu wenig Zeit zu haben, nehmen Sie noch einmal Ihre Ziele und Prioritäten unter die Lupe. Vielleicht sind sie zu anspruchsvoll, oder es ergibt sich ein Ungleichgewicht zwischen den verschiedenen Lebensbereichen, das Sie überfordert? Korrigieren Sie

die gesetzten Ziele entsprechend. Und bedenken Sie: Wirklich begrenzt ist eigentlich nur Ihre Lebenszeit. Aus diesem Grund sollten Sie sich von Anfang an dafür entscheiden, die richtigen Dinge zu tun – anstatt nur die Dinge richtig zu tun.

Die Crux mit den unerledigten Sachen: Immer kommt etwas dazwischen

Einer der größten Stressfaktoren in unserem Leben sind die Dinge, die aus irgendeinem Grund liegen geblieben sind. Schauen Sie Ihren Schreibtisch an und Sie wissen, wovon die Rede ist. Alles, was Sie anfangen und nicht zu Ende bringen, bindet wertvolle Energien. Und je länger sich die Angelegenheit in die Länge zieht, desto mehr Kraft kostet es.

Denkanstoß:
Geben Sie immer Ihr Bestes. Nur so werden Sie optimale Ergebnisse erzielen.

Entschuldigungen für diese Lässigkeit gibt es natürlich viele. Eine davon haben Sie vielleicht selbst schon einmal benutzt: „Ich habe solche Probleme, etwas anzufangen. Wenn ich erst mal dabei bin, komme ich gut voran. Aber der erste Schritt fällt mir so schwer." Es trifft sich dann häufig gut, dass meist etwas dazwischenkommt, wenn man sich gerade zum Beginnen durchgerungen hat. Wenn Sie auch zu diesen Menschen gehören, für die aller Anfang schwer ist, befolgen Sie diese Tipps.

1. Räumen sie Ihren Schreibtisch vollständig leer, damit Sie von nichts mehr abgelenkt werden können.
2. Schaffen Sie sich ein Ritual für den Beginn einer Arbeit. Das kann eine bestimmte Uhrzeit sein, eine Tasse Kaffee, eine Ideen-Liste oder eine Planung. Ganz gleich, was es ist: Hauptsache, Sie machen etwas, das allein für diese eine Situation typisch ist und sonst unterbleibt.
3. Fangen Sie jetzt an. Tun Sie irgendetwas, was mit dem betreffen-

den Vorgang in Verbindung steht. Irgendeine Aktivität. Es geht einfach nur um den ersten Schritt.

Zeit zum Handeln: Vertagtes auf die Tagesordnung

Eine weitere Hemmschwelle, tatkräftig vor uns liegende Aufgaben anzupacken, ist die Angst vor Unannehmlichkeiten. Deshalb schieben wir zum Beispiel unangenehme Anrufe möglichst weit hinaus. Mit der Folge, dass die Furcht vor eventuellen Konsequenzen immer weiter anwächst. Durch das permanente Verschleppen des Telefonats ist der andere mittlerweile wirklich ärgerlich geworden und handelt entsprechend. Als Kunde wechselt er vielleicht zur Konkurrenz; der Vertreter einer Behörde schickt ein Einschreiben mit Fristsetzung und ein Lieferant droht mit einer gerichtlichen Mahnung. Stecken Sie also nicht den Kopf in den Sand, sondern bringen Sie derartig unerfreuliche Angelegenheiten am besten gleich morgens hinter sich. Dann haben Sie den Kopf frei und können sich angenehmeren Dingen zuwenden.

Denkanstoß:
Je mehr Sie vor Problemen davonlaufen, desto schneller werden Sie von ihnen eingeholt.

Oder gehören Sie zu den Zeitgenossen, bei denen Vorgänge immer irgendwie im Sande verlaufen? Sie verlieren den Spaß an der Sache oder wissen nicht recht, wie sie ein Hindernis überwinden sollen und legen die Arbeit deshalb immer wieder auf die Seite – oder den großen Stapel? Dann helfen Ihnen sicher klar formulierte Zielsetzungen mit kurzfristigen Teilzielen. Um den Überblick zu behalten, haben sich Checklisten oder eine Aktualitäten-MindMap® bewährt.

Eine endlose Geschichte – einmal muss Schluss sein

Es gibt aber auch Menschen, die haben kein Problem damit, anzufangen oder durchzuhalten. Jedoch große Schwierigkeiten aufzuhören. Sei es, weil die Arbeit richtig Spaß macht oder aus Angst, nach Beendigung des

Projekts in ein tiefes Loch zu fallen und nicht mehr gebraucht zu werden. Wie auch immer: Machen Sie sich bitte bewusst, dass es stets einen idealen Punkt zum Aufhören gibt. Gehen Sie über diesen Punkt hinaus, entwickelt sich die Sache meist zum Schlechten. Dies gilt sowohl für berufliche als auch für private Aktivitäten. Nicht von ungefähr heißt es im Volksmund: „Man soll gehen, wenn es am schönsten ist." Wenn Sie beispielsweise auf Partys immer zu den Letzten gehören, erleben Sie auch die Schattenseiten der Festivität mit – die nachlassende Stimmung, die Entgleisungen der Gäste, die zu tief ins Glas geschaut haben, den abgestandenen Rauch und das abgegessene Buffet, das im ersten Morgengrauen ausgesprochen trostlos wirkt. Wenn Sie sich dagegen rechtzeitig verabschieden, behalten Sie das Fest in schöner Erinnerung und können den nächsten Tag auch noch nutzen.

Wie schaut es nun bei Ihnen persönlich mit den unerledigten Arbeiten aus? Was hält Sie davon ab, Arbeiten zu Ende zu bringen? Machen Sie sich zum Beispiel einen Plan für die Zeit danach. Oft hilft das schon. In der nächsten Übung können Sie Ihre persönliche Situation gleich einmal überprüfen.

BRÜCKE ZUR UMSETZUNG

Machen Sie sich Ihre unerledigten Arbeiten bewusst

Tragen Sie in die linke Spalte der Tabelle die Arbeiten ein, die Sie noch nicht beendet oder noch gar nicht begonnen haben. Füllen Sie dann auch die anderen beiden Spalten aus. Sie erhalten dadurch Hinweise auf Muster und Regelmäßigkeiten bei der Nichterledigung Ihrer Arbeiten und können besser gegensteuern.

Aktivität	Warum nicht beendet	Was tue ich, um ein Ende zu finden?

Diese Übung können Sie auch als Arbeitsblatt von unserer Website mdc24.com herunterladen.

Gut ist für viele nicht gut genug – allzu perfekt muss wirklich nicht sein

Oder gehören Sie zu den Leuten, die niemals mit sich und den erreichten Ergebnissen zufrieden sein können? Dieser Hang zum Perfektionismus kostet Sie viel Aufwand und noch mehr Zeit. Manchmal zu viel Zeit, denn unter Umständen kann Ihnen das passieren, was Michail Gorbatschow vor ein paar Jahren so treffend formuliert hat: Wer zu spät kommt, den bestraft das Leben.

Denkanstoß:
Nehmen Sie die Dinge nicht so wichtig. Dann ist das Leben nur halb so schwer.

Wenn Sie immer wieder an Ihrer Aufgabe feilen, um auch die letzten Unebenheiten zu beseitigen, kann irgendwann die ganze Arbeit buchstäblich für die Katz' gewesen sein. Weil Sie nicht pünktlich fertig geworden sind, wird Ihr Ergebnis nicht mehr benötigt. Obwohl Sie möglichst perfekt sein wollten, sind Sie letztendlich gescheitert. Das muss nicht sein. Denn es gibt ein System, das beweist, dass Sie mit weniger Einsatz genügend viel erreichen.

80 Prozent sind so gut wie 100: Das Pareto-Prinzip liefert den Beweis

Vilfredo Pareto war ein Wirtschaftswissenschaftler und Soziologe, der zu Anfang des 20. Jahrhunderts die Verteilung des Volksvermögens in

Italien untersucht hatte. Dabei fand er heraus, dass sich 80 Prozent des Besitzes in den Händen von 20 Prozent der Familien befand. Pareto übertrug nun diesen quantitativen Zusammenhang auch auf andere Bereiche und fand heraus, dass es auch dort zutraf. Aus diesen Erkenntnissen lässt sich beispielsweise ableiten, dass Unternehmen 80 Prozent ihres Umsatzes mit 20 Prozent ihrer Kunden erzielen. Oder dass Sie in 20 Prozent Ihrer Arbeitszeit 80 Prozent Ihrer Ergebnisse erzielen.

Denkanstoß:
Nobody is perfect. Deshalb: Eifer ist gut, doch Übereifer schadet.

Für die nächsten 10 Prozent des Ergebnisses benötigen Sie noch einmal 30 Prozent Aufwand. Und die letzten 10 Prozent kosten genau so viel Aufwand wie die ersten 90 Prozent. Dies lässt nur einen Schluss zu: Alles hundertprozentig erledigen zu wollen, führt zu einer ungeheuren Kraftvergeudung. Können Sie sich das wirklich leisten? Wesentlich klüger ist es, sich genau zu überlegen, wo Sie sich mit den erreichten 80 Prozent zufriedengeben können. Somit sind Sie deutlich häufiger in der Lage, Ihre Kräfte für neue Aufgaben und Ziele einzusetzen. Oder dort, wo 100 Prozent unabdingbar sind.
In der folgenden Übung können Sie feststellen, wo die Pareto-Regel bei Ihnen greift.

BRÜCKE ZUR UMSETZUNG

Machen Sie sich Ihre Einsparpotenziale klar
Bitte beantworten Sie folgende Fragen. Sie erkennen dadurch, wo Sie vielleicht noch zu viel des Guten tun und Zeit und Energie sparen können.

Was ist meine persönliche Pareto-Regel?

....

Wo betreibe ich Perfektionismus?

....

An welchen Stellen kann ich mir eine 80-Prozent-Lösung leisten?
Wo ist eine 80-Prozent-Lösung besser als Perfektion?

……………………………………………………………………………………………………

Diese Übung können Sie auch als Arbeitsblatt von unserer Website mdc24.com herunterladen.

Locker durch den Tag – mit guter Planung fällt vieles leichter

Nachdem Sie jetzt wissen, wo und wie Sie mit Hilfe von Pareto Ihre Aktivitäten optimieren können, möchten ich Ihnen einige praktische Ratschläge zur Gestaltung Ihres Tagesablaufs geben. Zunächst und grundsätzlich: Planen Sie Ihren Tag. Schriftlich. Auch dann, wenn Sie nicht gern vorausplanen. Es lohnt sich wirklich. Wenn Sie Ihre Pläne für den Tag zu Papier bringen, merken Sie schnell, wo es hakt. Eventuell stimmen die Zeitansätze nicht, die Sie sich für die Erledigung bestimmter Arbeiten zubilligen. Schon haben Sie den Grund für Ihre ständige Überforderung gefunden. Durch eine frühzeitige Planung können Sie diese und andere Konfliktsituationen vermeiden, bevor sie überhaupt entstehen.

Übrigens: Das mit dem Stück Papier müssen Sie nicht unbedingt wörtlich nehmen. Ein Organizer, eine App oder Ihr PC sind ebenso gute Hilfsmittel, um Ihre Planung zu fixieren.
Eines sollten Sie noch berücksichtigen: Lassen Sie sich unbedingt einen gewissen Freiraum zum Improvisieren. Denn täglich geschehen unvorhersehbare Ereignisse, auf die Sie flexibel reagieren müssen. Eine allzu rigide Planung würde Sie in diesem Fall nur unnötig einengen. Deshalb beachten Sie bitte folgende Richtlinien: Verplanen Sie nur etwa 60 Prozent des Tages fest. Den Rest lassen Sie offen. Ca. 65 Prozent Ihrer geplanten Zeit sollten Sie mit Aufgaben der ersten Priorität verbringen. Das sind die wichtigsten 15 Prozent Ihrer Aufgaben. 20 Prozent mit Aufgaben der zweiten Priorität, die durchschnittlich wichtig sind. Und 15 Prozent mit Aufgaben der dritten Priorität – also jene, die eine geringere Wichtigkeit aufweisen.

Berg- und Talfahrt bei der Leistung: Zweimal erreichen Sie täglich die Spitze

Kein Mensch verfügt Tag und Nacht über dieselbe Leistungsfähigkeit. Damit sagen wir Ihnen sicher nichts Neues. Aber: Nur die wenigsten setzen diese Erkenntnis auch um. So berücksichtigen nur 21 Prozent aller Führungskräfte ihre persönliche Leistungskurve im Tagesverlauf. Kein gutes Beispiel für ein intelligentes Manager-Verhalten.

Unsere durchschnittliche Leistungskurve steigt vormittags steil an. Bereits um 08.00 Uhr in der Frühe liegen wir 20 Prozent über dem Normwert; zwei Stunden später haben wir den ersten Leistungshöhepunkt erreicht, der gleichzeitig das absolute Tagesmaximum darstellt. Danach fällt die Kurve ab – ein üppiges Mittagessen beschleunigt die Talfahrt. Am späteren Nachmittag geht es dann wieder aufwärts, bis wir gegen 20.00 Uhr den zweiten Höhepunkt des Tages erleben, der jedoch deutlich unter dem Vormittagshoch bleibt.
Die Hochs sind willkommen. Was aber unternimmt man gegen das gefürchtete Mittagsloch? Schließlich dauert es noch einige Zeit bis zum Feierabend, und die Arbeit darf nicht liegen bleiben. Kaffee nützt wenig. Besser ist, Sie gehen ein Weilchen an der frischen Luft spazieren oder halten, wenn möglich, ein zehnminütiges Nickerchen.
Je nachdem, ob Sie ein Tag- oder Nachtmensch sind, verläuft die Leistungskurve mit den beiden Hochs zeitlich unterschiedlich. Mit Hilfe unserer Übung können Sie Ihrem persönlichen Leistungsrhythmus schnell auf die Spur kommen.

BRÜCKE ZUR UMSETZUNG

Kommen Sie Ihrem persönlichen Leistungsrhythmus auf die Spur
Beantworten Sie die folgenden Fragen. Dadurch erfahren Sie mehr über Ihren persönlichen Leistungsrhythmus und können sich darauf einstellen.

Wann stehen Sie – nach Ihrer inneren Uhr – am liebsten auf?

....

Zu welchen Tageszeiten fühlen Sie sich am leistungsfähigsten?

....

Zu welchen Zeiten sind Sie geistig besonders fit?

....

Zu welchen Zeiten beginnen Sie zu ermüden oder fallen Ihnen bestimmte Tätigkeiten besonders schwer?

....

Wann treiben Sie am liebsten Ausgleichssport, gehen Ihren Hobbys nach oder entspannen sich?

....

Wann schlafen Sie am liebsten?

....

Diese Übung können Sie auch als Arbeitsblatt von unserer Website mdc24.com herunterladen.

Versuchen Sie jetzt, Ihre Tagesplanung mit Ihrer Leistungskurve in Einklang zu bringen. Grundsätzlich gilt:

- A-Prioritäten und Aufgaben, die Konzentration und Zeit erfordern, erledigen Sie vormittags. Sorgen Sie dafür, dass Sie nicht gestört werden.
- Nützlich ist eine Methode, die Prof. Dr. Lothar Seiwert bekannt gemacht hat: Erledigen Sie morgens ein paar der dicken Brocken: das sind anspruchsvolle Aufgaben, Projekte, vor denen Sie sich schon etwas länger gedrückt haben, die Auseinandersetzung mit einem unangenehmen Kunden etwa, oder das wichtige Gespräch mit einem streitenden Teenager. Dann widmen Sie sich ein paar der kleinen Steine, und schließlich, wie im Folgenden beschrieben, machen Sie die „Sand-Aufgaben“. Sie werden sehen, wenn Sie morgens schon die fiesen Brocken weggearbeitet haben, kommt Ihnen der Rest des Tages wie ein Spaziergang vor: leicht und freudvoll!

- Apropos Spaziergang: Planen Sie diesen nach dem Mittagessen immer ein! Verzichten Sie dafür auf die Tasse Kaffee in der Kantine, 15 Minuten Bewegung sind allemal besser und regen Sie nochmal richtig an.
- Am Nachmittag kümmern Sie sich um Routinetätigkeiten, Telefonate und nicht so wichtigen Kleinkram.
- Legen Sie nach jeder Stunde intensiven Arbeitens eine Pause ein. Möglichst ohne Zigarette.

Noch kein Feierabend nach Geschäftsschluss: Etwas bleibt noch für Sie zu tun

Bevor Sie es sich mit Ihren Lieben vor dem Fernseher gemütlich machen, nehmen Sie sich die Planung für den nächsten Arbeitstag vor. Dabei gehen Sie noch einmal Ihre Aufgabenliste durch und haken alles ab, was bereits erledigt ist. Was Sie nicht geschafft haben, wird auf morgen übertragen. Bei dieser Gelegenheit können Sie die gesetzten Prioritäten neu überdenken und bei Bedarf ändern. Vielleicht lässt sich das eine oder andere delegieren oder auf einen späteren Zeitpunkt verschieben.

Zwei Gründe sprechen dafür, die Tagesplanung schon am Vorabend aufzustellen: Zum einen können Sie kontrollieren, wie effizient Sie bisher gearbeitet haben. Zum anderen haben Sie genügend Vorlauf, um sich in aller Ruhe auf den morgigen Tag vorzubereiten. Häufig arbeitet Ihr Unterbewusstsein bereits an einer Lösung anstehender Probleme, so dass Sie morgens aufwachen und wissen, was zu tun ist.

Das Erfolgs-Tagebuch – ein bewährtes Mittel zur eigenen Motivation

Es gibt noch eine andere Methode, um sozusagen über Nacht die individuelle Weiterentwicklung zu unterstützen. Sie führen ein Erfolgs-Tagebuch.
Fünf Minuten am Abend reichen aus, um sich die folgenden drei Fragen zu beantworten.

Was habe ich heute erreicht?
Notieren Sie unter diesem Punkt alle Erfolge des Tages. Dazu gehören nicht nur sämtliche Arbeitsergebnisse, sondern auch persönliche Dinge wie die Einhaltung des Versprechens, mit den Kindern zu spielen oder die Tatsache, dass Sie Ihren Tagesplan zum ersten Mal bereits am Abend fertiggestellt haben.

Was habe ich heute gelernt?
Schreiben Sie auf, welche neuen Erfahrungen und Erkenntnisse Sie gesammelt haben. Ganz gleich, auf welchen Gebieten. Denn es ist für die persönliche Entwicklung von großer Bedeutung, täglich etwas dazuzulernen.

Wem habe ich heute etwas Gutes getan?
Um glücklich und zufrieden zu sein, reicht es nicht aus, nur an sich selbst zu denken. Halten Sie in Ihrem Tagebuch fest, ob und wem Sie eine Freude gemacht haben. Das brauchen keine großen Geschenke zu sein – ein kleiner Gefallen, ein nettes Wort, ein freundlicher Blick genügen oft schon, um andere Menschen froh zu stimmen.

Je länger Sie Ihr Erfolgs-Tagebuch führen, desto mehr wird es Ihnen bedeuten. Sie werden spüren, wie es Ihre Lebenseinstellung positiv beeinflusst und Ihre Motivation fördert. Außerdem haben Sie nun ein Instrument zur Hand, auf das Sie in stürmischen Zeiten zurückgreifen können und das Ihnen hilft, Ruhe und Zuversicht zu bewahren.

Wenn Sie neue Wege gehen – machen Sie es wie Walt Disney

In den heutigen schnelllebigen Zeiten können wir uns nicht mehr darauf verlassen, mit altbewährten Methoden auch in Zukunft Erfolg zu haben. Vielmehr werden wir immer häufiger gezwungen, neue Wege zu gehen. Dies erfordert ein Höchstmaß an Kreativität und Flexibilität. Der Amerikaner Walt Disney, Vater von Micky Maus & Co., hat für diesen Fall eine höchst erfolgreiche Strategie entwickelt.

Stellen Sie sich vor, Sie hängen Ihren Träumen nach. Malen sich aus, was Sie einmal tun möchten. Plötzlich meldet sich eine innere Stimme zu Wort, die Ihre schönen Pläne zunichtemacht: „Das schaffst du sowieso nicht, das ist zu teuer, zu schwierig, unmöglich – also lass das Träumen sein und bleib lieber auf dem Teppich."

Ganz ähnlich ist die Situation, wenn Sie voller Elan in einer Arbeitssitzung eine ungewöhnliche Idee präsentieren. Sofort sind Kollegen zur Stelle, die abwiegeln: „Das haben wir noch nie gemacht – das geht nicht." Walt Disney hat eine Methode gefunden, seinen inneren Kritiker geduldiger zu machen, um ungestört weiter träumen zu können. Und das geht so:
Suchen Sie sich zu Hause oder in Ihrem Büro vier Plätze aus. Platz 1 ist die neutrale Zone, in die Sie immer wieder zurückkehren. Platz 2 gehört dem Träumer. Platz 3 ist für den Realisten reserviert und auf Platz 4 hält sich der Kritiker auf.
Probieren Sie es einmal aus. Begeben Sie sich auf Platz 1 und machen sich zunächst deutlich, um welche spezielle Fragestellung oder Aufgabe es in diesem Moment gehen soll. Sobald das geklärt ist, wechseln Sie zu Platz 2 und träumen Sie Ihre Vision. Lassen Sie Ihrer Phantasie freien Lauf und achten Sie nicht darauf, ob Ihre Ideen realisierbar sind oder nicht. Spinnen ist erlaubt. Gehen Sie anschließend zurück auf die neutrale Ausgangsposition und trennen Sie sich innerlich von Ihrem Träumer.

Als nächstes gehen Sie auf den Platz des Realisten. Hier können Sie alles durchdenken und überlegen, was Sie zur Verwirklichung Ihres Traumes benötigen. Kehren Sie dann auf Platz 1 zurück.
Jetzt erst kommt der Kritiker an die Reihe. Auf seinem Platz nehmen Sie Ihre Pläne unter die Lupe, wägen Vor- und Nachteile ab, suchen nach Problemen und machen Verbesserungsvorschläge. Sie haben sogar die Möglichkeit, das Vorhaben fallen zu lassen, sollte es sich als ungeeignet herausstellen. Sobald Sie sich über alle Punkte klargeworden sind, wandern Sie zurück zum neutralen Platz. Haben Sie dann noch keine endgültig befriedigende Lösung gefunden, beginnen Sie den Reigen von vorn und treffen am Ende Ihre Entscheidung.

Die Trennung des kreativen Prozesses von der Kritik ist mittlerweile Bestandteil vieler Kreativitätstechniken. Etwa das Brainstorming, wo die Phase des Ideen-Sammelns außerhalb der Kritik steht. Je öfter Sie sich der Walt-Disney-Methode bedienen, desto mehr werden Sie von den konkreten Plätzen unabhängig und in der Lage sein, das Procedere schnell zu durchlaufen. Und Sie werden sich irgendwann einmal fragen, wie Sie jemals annehmen konnten, nicht kreativ zu sein.
Spielen Sie jetzt das Disney-Modell in einer praktischen Übung durch.

BRÜCKE ZUR UMSETZUNG

Erleben Sie Ihre Kreativität

Suchen Sie sich vier Plätze für die vier Rollen aus und durchlaufen Sie diese Positionen mit den entsprechenden Fragestellungen. Fassen Sie die Ergebnisse unten zusammen Sie werden überrascht sein, wie gut Ihre Ideen fließen. Und je mehr Übung Sie bekommen, desto besser funktioniert es.

Was ist Ihre Fragestellung? (Position 1 – neutral)

....

Was sind die Aussagen Ihres Träumers? (Position 2)

....

Was sind die Aussagen Ihres Realisten? (Position 3)

....

Was sind die Anforderungen Ihres Kritikers? (Position 4)

....

Wie sieht die Lösung aus? (Position 1 – neutral)

....

Diese Übung können Sie auch als Arbeitsblatt von unserer Website mdc24.com herunterladen.

Roger von Oech, Spezialist für Kreativität, variierte diese Rollenverteilung und ergänzte sie um die Position des Kriegers. Das ist die Person, die schließlich das Ergebnis in die Praxis umsetzt und für die Durchsetzung der Idee kämpft. Der Krieger, der handelt und weiß, wie das geht – das sind Sie.

Fazit

- Übernehmen Sie die Verantwortung für das eigene Tun.
- Setzen Sie sich SMARTe Ziele.
- Organisieren Sie Ihr Leben, um den Alltag erfolgreich und effizient zu bewältigen.
- Wenn Sie etwas machen, dann mit hundertprozentigem Engagement. Mit anderen Worten: Sie können nicht immer tun, was Sie lieben. Aber Sie können immer lieben, was Sie tun.
- Teilen Sie Ihre Zeit sinnvoll ein.
- Aktivieren und nutzen Sie Ihr kreatives Potenzial.

REFLEXION: Jetzt sind Sie dran: Denken Sie weiter
Welcher Gedanke in diesem Kapitel hat Sie gerade jetzt besonders angesprochen? Welche der Methoden werden Sie nutzen? Welche beherrschen Sie schon und haben Sie in Ihren Arbeitsalltag integriert? Welche der Übungen sollten Sie von Zeit zu Zeit wiederholen? Vielleicht bewegen Sie auch ganz andere Fragen?
Nehmen Sie sich die Zeit, darüber nachzudenken.
Haben Sie Ihre Ziele jetzt deutlicher vor Augen? Stellen Sie sich den nächsten Schritt vor, den Sie tun wollen. Und gehen Sie los!

Speiche 3: Finanzen & Sicherheit

In diesem Kapitel geht es um Ihre Finanzen – und darum, wie sich Ihre Einstellung zum Geld und Ihre aktuelle finanzielle Situation auf die anderen Lebensbereiche auswirkt. Sie erforschen Ihre finanziellen Ziele und werden Ihre Vermögens- und Einkommenssituation zum jetzigen Zeitpunkt bilanzieren.
Sie werden prüfen, ob Sie es als Angestellter ausreichend weit bringen können. Und wenn ja: Wie werden Sie das tun? Oder ist es an der Zeit, in die Selbstständigkeit zu starten? Für diese Entscheidung finden Sie hier einen Leitfaden. Schließlich und wesentlich in diesem Kapitel: der Vermögensaufbau und die Vorsorge für die Zeit nach dem aktiven Geldverdienen.

Brauchen, wollen, genießen: Geld ist eine Charakterfrage

Unsere Einstellung zum Geld hängt wesentlich davon ab, wie wir erzogen wurden, in welchem Umfeld wir leben und wer die Menschen sind, mit denen wir zu tun haben. Vielleicht finden Sie Reichwerden nicht so wichtig – möchten aber andere große Ziele im Leben erreichen. Viele davon werden Sie nur mit Geld ermöglichen können. Vielleicht streben Sie aber auch nach Wohlstand, möchten sich alle Wünsche erfüllen und gern zum Kreis der Schönen und Reichen gehören. Es ist faszinierend und interessant zu beobachten, wie die Reichen dieser Welt es schaffen, immer noch reicher zu werden. Millionäre ziehen das Geld förmlich an. Scheinen über magische Kräfte zu verfügen, um das Guthaben auf ihren Konten zu mehren. Dahinter steckt jedoch keine Zauberei, sondern die Lust am Besitz. Wer zu Wohlstand gekommen ist, liebt sein Geld und kann sich meist nur schlecht davon trennen. Daher ist die Mehrzahl der Reichen sparsam, manchmal gar geizig. Andere allerdings haben gelernt, abzugeben. Sie wissen: Krampfhaftes Festhalten verhindert Entwicklung – das gilt auch in finanziellen Dingen. Es ist eine Frage der Einstellung: Wer sein Geld auch einmal loslassen kann, eröffnet sich neue Chancen. Wer das Risiko scheut, wird keine neuen Ideen entwickeln und damit das „große Geld" mit Sicherheit verpassen. Also: Halten Sie Ihr Geld im Fluss, dann fließt es überreich zu Ihnen zurück.

Zunächst einmal geht es also darum herauszufinden, was Sie persönlich über Geld, Reichtum und Vermögen denken. Machen Sie dazu am besten gleich die entsprechende Übung. Dann sehen Sie, was Ihre Grundeinstellung zum Thema Geld betrifft, schon etwas klarer.

BRÜCKE ZUR UMSETZUNG

Machen Sie sich Ihre Einstellung zum Geld bewusst

Kreuzen Sie die nachstehenden Aussagen an, die auf Sie zutreffen. Gibt es ein Übergewicht in der linken Spalte (Chance, Geld anzuziehen) oder in der rechten Spalte (Chance, Geld abzustoßen) oder sind Sie eher ausgewogen und indifferent? Wenn Sie Klarheit über Ihre Einstellung zu Geld haben, können Sie ggf. daran arbeiten.

☐	Wer den Pfennig nicht ehrt, ist des Talers nicht wert.	☐	Geld allein macht nicht glücklich.
☐	Geld ist potenzielle Energie.	☐	Reichtum macht einsam.
☐	Geld ist die Messlatte für meinen Erfolg.	☐	Das letzte Hemd hat keine Taschen.
☐	Armut ist schlecht, erbärmlich und mies.	☐	Mit viel Geld würde ich dekadent.
☐	Ich ziehe Geld an wie ein Magnet.	☐	Ich hätte niemals die Disziplin, um zu sparen.
☐	Geld bewirkt viel Gutes.	☐	Es gibt Wichtigeres als Geld.

☐	Ich liebe Geld.	☐	Viel Geld kann man nur durch Rücksichtslosigkeit und Härte bekommen

Diese Übung können Sie auch als Arbeitsblatt von unserer Website mdc24.com herunterladen.

Betrachten Sie nun das Ergebnis: Gibt es ein Übergewicht in der linken Spalte? Diese steht für die Chance, Geld anzuziehen. Oder in der rechten Spalte, entsprechend der Chance, Geld abzustoßen? Vielleicht haben Sie auch eine indifferente Einstellung. In jedem Fall machen Sie sich bewusst: Ihre Einstellung bestimmt Ihr Einkommen.
Geld zu lieben, heißt nicht, mies oder ausbeuterisch zu sein. Es kann auch heißen, wirtschaftliche und gesellschaftliche Verantwortung zu übernehmen und für sich und andere zu sorgen. Sehen Sie die positiven Aspekte!

Denkanstoß:
Trainieren Sie Ihr Geldgespür! Tragen Sie Bargeld mit sich herum – etwas mehr als ausreichend: Ein 500-€-Schein ist ein deutliches Signal für Ihr Unterbewusstsein. Legen Sie sich 10.000 € in Ihren Safe. Unterschwellig wird es Ihnen immer sagen, dass es da ist und Ihnen gehört.

Das Mittel zum Zweck– Ihre Ziele sind gefragt

Wie Sie mit Ihrem Geld umgehen, hängt von verschiedenen Faktoren ab. Sind Ihre Bekannten beispielsweise vermögender als Sie, werden Sie sich gegebenenfalls bemühen mitzuziehen. Verfügen jedoch Sie über das große Geld, halten Sie sich unter Umständen eher zurück, um keinen Neid und kein Unbehagen zu wecken. Wenn Sie Ihre finanziellen Angelegenheiten einem Anlageberater überlassen, werden Sie sich nicht um jedes Detail kümmern. Wenn Sie dagegen selbst aktiv in Wertpapiere oder Sachwerte investieren, beschäftigen Sie sich zwangsläufig häufig

damit und nehmen Ihre finanzielle Situation bewusster wahr.
Ein wichtiger Punkt ist auch, welche Ziele Sie verfolgen. Wollen Sie in absehbarer Zeit von Ihrem Vermögen leben? Wollen Sie Ihren Kontostand in einem definierten Zeitraum auf eine Million Euro aufstocken? Geht es Ihnen darum, möglichst viel für den Wohlstand im Alter zu tun oder sind Sie vor allem daran interessiert, sich hier und heute ohne Einschränkung alles zu gönnen?

Kommen Sie Ihren Zielen auf die Spur: Streben Sie nach Sicherheit, Freiheit oder Unabhängigkeit? Was ist Ihnen besonders wichtig?

- *Finanzielle Sicherheit* bedeutet, ein halbes Jahr ohne Einnahmen auskommen zu können.
- *Finanzielle Freiheit* heißt, zwei Jahre ohne Einnahmen leben können. In dieser Zeit können Sie etwas Neues ausprobieren und gegebenenfalls die Richtung, in die Ihr Leben läuft, noch einmal wechseln.
- Finanziell *unabhängig* ist der, der dauerhaft gut von den Zinsen seines Vermögens – nach Abzug der Steuern – leben kann.

Welches dieser Ziele reizt Sie?
Machen Sie sich bewusst, wohin die Reise gehen soll. Nutzen Sie dazu die SMARTe Zielformulierung aus dem vorherigen Kapitel. Steht die Richtung fest, machen Sie sich auf den Weg. Den Weg, Ihr Ziel zu erreichen.

Heißhunger auf Erfolg: Geldverdienen als Lebensinhalt

Das unbändige Verlangen, etwas Bestimmtes zu erwerben oder zu besitzen, ist ein starker Motor, der uns zum Handeln antreibt. Wir möchten unbedingt dieses Cabrio fahren. Wir brennen darauf, in die Penthouse-Wohnung einzuziehen. Wir „sterben" ohne die bestimmte Luxusuhr, das Boot, die Finca auf Mallorca. Wir wünschen uns nichts so sehr, als die Koffer zu packen und eine Reise um die Welt anzutreten oder in den luxuriösesten Ressorts an weißen Stränden Urlaub zu machen – die Liste des Begehrens ließe sich beliebig verlängern.

Wie ein Sportler, der seine ganze Kraft einsetzt, um bei den Olympischen Spielen Gold zu erringen, investieren wir nun unseren Ehrgeiz in die Verwirklichung unseres größten Wunsches. Es dreht sich fortan alles darum, erfolgreich zu sein und finanziell gut dazustehen. Dieses Ziel hat sich unverrückbar in unserem Innern manifestiert. Spüren Sie dieses unstillbare Verlangen nach Erfolg? Bringen Sie die Beharrlichkeit auf, Ihre Pläne trotz aller Anfechtungen unbeirrt zu verfolgen? Dann werden Sie das sehnlichst Gewünschte auch erreichen.

Denkanstoß:
Der übermächtige Wunsch, etwas zu erlangen, löst in uns den Antrieb zum Handeln aus. Wenn wir uns mit ganzer Kraft darauf konzentrieren, dieses Verlangen zu stillen, werden wir unser Ziel erreichen.

Geht es Ihnen im Moment so? Dann ist der Augenblick gekommen durchzustarten. Sie haben alle Möglichkeiten in der Hand, auch finanziell etwas wirklich Großes zu schaffen. Sie müssen nur den Mut aufbringen und für Ihre Wünsche auch wirklich etwas wagen. Dazu gehört auch die Bereitschaft, ein Risiko einzugehen. Sie stellen sich der Herausforderung, statt vor der Verantwortung für das eigene Tun zu kneifen. Ja – Sie wollen viel Geld verdienen! Dafür geben Sie auch ein Stück Sicherheit im Job auf. Ja – Sie wollen Karriere machen und in eine höhere Position aufsteigen. Auch für den Preis, dass Sie künftig schwierige Entscheidungen allein treffen müssen.

Jeder kann im Leben bekommen, was er sich wünscht. Allerdings geben die meisten zu schnell auf oder scheitern an der Angst vor dem eigenen Versagen. Bleiben wir noch kurz bei dem Schlüsselwort Versagen. Viele Menschen geben für ihr Scheitern stets anderen die Schuld. Sie schimpfen auf die hohen Preise, ärgern sich über die steigenden Steuern oder beschweren sich über das viel zu niedrige Gehalt. Kurz und gut: Manche Zeitgenossen finden immer neue Ausreden dafür, dass ihr Geld nicht reicht. Mit der Zeit werden sie verbittert und zweifeln am Sinn des Lebens.

Mit einem vertrauensvollen Geldbewusstsein haben Sie die besten Voraussetzungen, Ihre finanziellen Angelegenheiten positiv zu verändern. Starren Sie nicht auf den Mangel. Hüten Sie sich vor übertriebener Sparsamkeit und vor verbissenem Geiz, aber auch vor geldgierigem Raffen. Versuchen Sie, ein gutes Verhältnis zum Geld zu bekommen. Dann werden Sie Ihr Leben wesentlich sorgenfreier und leichter führen können.

Wie steht's mit dem Geld? – Machen Sie Kassensturz

Nehmen Sie zunächst Ihre Finanzlage unter die Lupe. Zur Unterstützung haben wir eine entsprechende Übung vorbereitet.

BRÜCKE ZUR UMSETZUNG

Analysieren Sie Ihre finanzielle Situation

Kreuzen Sie bitte bei den folgenden Fragen die für Sie zutreffenden Antworten an. Die Ziffern bei einigen Fragen stehen für Noten nach dem Schulsystem (1=sehr gut, 5=mangelhaft). Sie erhalten einen aufschlussreichen Überblick über Ihre finanzielle Situation und Ihr Potenzial.

1. Wie bewerten Sie Ihr Einkommen?
   1 ○ 2 ○ 3 ○ 4 ○ 5 ○
2. Wie beurteilen Sie Ihr Nettovermögen?
   1 ○ 2 ○ 3 ○ 4 ○ 5 ○
3. Wie beurteilen Sie Ihre Investitionen?
   1 ○ 2 ○ 3 ○ 4 ○ 5 ○
4. Wie schätzen Sie Ihr Wissen über Geld und Kapital ein?
   1 ○ 2 ○ 3 ○ 4 ○ 5 ○
5. Haben Sie exakte Finanzpläne für Ihre Zukunft?
   Ja ○ Nein ○
6. Ihr überwiegender Bekanntenkreis ist
   vermögender ○ ähnlich vermögend ○ weniger vermögend als Sie. ○
7. Sparen Sie jeden Monat 8 bis 12 Prozent Ihres Einkommens?
   ja ○ unregelmäßig ○ nein ○
8. Glauben Sie, dass Sie es verdienen, sehr viel Geld zu besitzen?
   ja ○ nein ○ weiß nicht ○
9. Wie lange könnten Sie von Ihrem Geld leben, ohne einen weiteren Euro zu verdienen?

10. Ist Ihnen bewusst, was Sie über Geld denken?
    genau ○ einigermaßen ○ nein ○
11. Ist Geld in Ihrem Leben eher
    ○ eine unterstützende oder ○ eine hemmende Kraft?
12. Wie gut wissen Sie über Geldanlagemöglichkeiten Bescheid?
    1 ○ 2 ○ 3 ○ 4 ○ 5 ○
13. In einem Satz: Welche Einstellung haben Sie zu Geld, Zahlen und Finanzen?

    ....
14. Wie bewerten Sie Ihre gesamte finanzielle Situation, nachdem Sie Ihre Fragen be antwortet haben?
    1 ○ 2 ○ 3 ○ 4 ○ 5 ○
15. Wie fühlen Sie sich, nachdem Sie die Fragen beantwortet haben?
    1 ○ 2 ○ 3 ○ 4 ○ 5 ○

Diese Übung können Sie auch als Arbeitsblatt von unserer Website mdc24.com herunterladen.

Mit spitzem Bleistift gerechnet: wissen, wo das Geld bleibt

Um Ihr Vermögen zu mehren, bieten sich Ihnen zwei mögliche Wege: Entweder Sie erhöhen Ihre Einnahmen wie oben beschrieben, oder Sie verringern Ihre Ausgaben. Besser wäre es noch, Sie würden beides miteinander verbinden. Verschaffen Sie sich einen exakten Überblick über die aktuellen Ausgabenfaktoren. Dann sind Sie in der Lage, Einsparmöglichkeiten herauszufiltern und die Kosten besser in den Griff zu bekommen. Wenn Sie Ihre Ausgabensituation mit spitzem Bleistift analysieren, sollten folgende Positionen in Ihrer Berechnung enthalten sein:

- Lebenshaltungskosten
- Kommunikation – Telefon, Internet, E-Mail etc.
- Mobilität – Auto, Reisekosten etc.
- Freizeit
- Wohnen
- Arbeiten
- Sparen/Kredit/Versicherungen
- Sonstige regelmäßige Ausgaben

Nachdem Sie den Stand der Dinge ermittelt haben, können Sie nun darangehen, eine Kostenplanung auszuarbeiten. Dabei ist es übrigens hilfreich, sich ein Limit für die monatlichen Ausgaben zu setzen, um Ihr Budget einzugrenzen. Diesen Rahmen sollten Sie kompromisslos einhalten – anderenfalls besteht die Gefahr, dass Ihnen die Kosten erneut davonlaufen.

Schluss mit dem Leben auf Pump

Schulden sind nicht gleich Schulden. Wenn Sie als Unternehmer einen Kredit aufnehmen, um eine geschäftliche Investition zu tätigen oder um Ihre Firma zu erweitern, ist dies eine notwendige Maßnahme. Denn Sie stellen damit Ihr Unternehmen auf eine breitere finanzielle Basis und erreichen nach dem Break-Even – also dem Punkt, ab dem Gewinn erzielt wird – zeitnah höhere Renditen und nominal ein besseres Ergebnis. Unter diesem Gesichtspunkt erweist sich Schuldenmachen durchaus als sinnvoll.

Ganz anders liegt der Fall im Privatbereich. Persönliche Schulden, mit denen Sie zum Beispiel ein Auto oder ein teures Schmuckstück finanzieren wollen, bringen Ihnen keinen geldwerten Vorteil. Vielmehr führen sie zu erheblichen Belastungen – und zwar nicht allein finanzieller Art. Das geliehene Geld müssen Sie mit Zins und Zinseszins tilgen; darüber hinaus geraten Sie in eine seelische Stress-Situation. Sie führen ein Leben auf Pump, das macht Sie unfrei in Ihren Entscheidungen. Unkontrollierte Ausgaben bringen Sie unweigerlich in Abhängigkeit: von Ihrem Geldinstitut, bei dem Sie in der Kreide stehen. Von Ihrem Arbeitgeber, da Sie auf das regelmäßige Gehalt mehr denn je angewiesen sind. Von Ihrem Partner oder Freunden, die Ihnen Geld geliehen haben. Neuanschaffungen müssen ausfallen – es bleibt Ihnen nichts anderes übrig, als zu verzichten.
Und dann die Blamage, wenn der Geldautomat die Ausgabe mangels Kontodeckung verweigert oder man am Bankschalter – womöglich noch eine lange Menschenschlange hinter sich – nichts ausbezahlt bekommt. Genug gegruselt? Heutzutage scheint es zum guten Ton zu gehören,

Konsumschulden zu haben. Eigentlich unverständlich und nicht nachvollziehbar.
Sie brauchen Disziplin, um derartige konsumbedingte Schulden zu vermeiden. Lassen Sie deshalb Ihren Verstand über die Emotionen siegen. Sie wissen doch: Wer kein Geld hat, kann auch nichts ausgeben. Handeln Sie danach! Und wenn Sie finanzielle Hilfe benötigen, versuchen Sie immer zuerst, sich selbst zu helfen. Im Nachhinein werden Sie für diese Erfahrung dankbar sein.

Weg mit den Schulden – auf in die schwarzen Zahlen

Sie haben Schulden gemacht und möchten diese erfolgreich abbauen? Dann helfen Ihnen folgende Regeln dabei, Ihr Konto in absehbarer Zeit wieder ins Plus zu bringen:

- Listen Sie sämtliche Ausgaben präzise auf.
- Stellen Sie ein festes Budget auf und halten Sie sich daran.
- Verzichten Sie auf Kreditkarten – sie verführen nur zum Geldausgeben.
- Sprechen Sie offen mit allen Gläubigern und den Banken.
- Sagen Sie nur 50 Prozent der Rückzahlungen zu, die Sie garantiert aufbringen können.
- Verändern Sie Ihre Einstellung zum Geld – jeder Cent ist wichtig.
- Finden Sie alternative Einnahmequellen.
- Lieben Sie es, Geld zu behalten.
- Belohnen Sie sich nie im Voraus für etwas, das Sie erst noch leisten müssen.

Das alles erfordert viel Disziplin, aber es lohnt sich! Lassen Sie Ihren Verstand über die Emotionen siegen. Bauen Sie Schulden ab und Vermögen auf – wir zeigen Ihnen, wie es geht!

Ohne Disziplin kein Gewinn: Jeden Euro kann man nur einmal ausgeben

Umsatz minus Kosten ergibt Gewinn. Auf den Gehaltsempfänger übertragen lautet die Formel: Nettoeinkommen minus Ausgaben gleich Über-

schuss. Das ist gewiss nichts Neues. Doch warum fällt es so schwer, sich nach dieser einfachen Rechnung zu richten?
Vor allem junge Leute, die am Anfang des Berufslebens stehen, tappen häufig in die Ausgabenfalle. Sie meinen, sich sofort alles leisten zu können, denn am Monatsende gibt es wieder frisches Geld auf dem Konto. Dabei wird leider oft ein Problem übersehen: Die Ausgaben übersteigen die Einnahmen. Erst ein wenig, dann immer mehr, der Ausgleich ist nicht mehr zu schaffen. Schnell steht das Konto mit einigen Tausend Euro im Soll und man muss bei der Bank um einen Kredit bitten. Die ersten Schulden sind gemacht.

Denkanstoß:
Das Einzige, was man ohne Geld machen kann, sind Schulden. Unsere Vernunft warnt uns vor unüberlegten Ausgaben, doch der Wunsch nach dem begehrten Besitz ist größer. So tappen wir in die Schuldenfalle.

Ursache für diese Entwicklung ist, dass wir unsere Wünsche nicht im Griff haben. Zwar warnt uns unser Verstand vor unüberlegten Anschaffungen, aber unsere Emotionen sind stärker. Wir wollen das, was wir begehren, auch haben. Und zwar umgehend. So werfen wir jegliche Vernunft über Bord und werden leichtsinnig – was wir hinterher oft bereuen. Doch dann ist es zu spät, den Kauf rückgängig zu machen.

Die Höhe des Einkommens ist in diesem Zusammenhang völlig irrelevant. Undiszipliniertes Verhalten beim Geldausgeben führt immer dazu, dass letztlich nichts mehr übrigbleibt. Ganz gleich, ob wir viel oder wenig verdienen. Allerdings dreht sich die Ausgabenspirale mit steigendem Einkommen deutlich schneller. Denn mit wachsendem Vermögen werden auch die Ansprüche höher, sehr viel wird als unabdingbar empfunden. Mal ehrlich: Würden Sie sich freiwillig einschränken, eine kleinere Wohnung nehmen oder ein bescheideneres Auto fahren, wenn Sie nicht unbedingt müssten? Eben nicht! Aber: Sie können trotzdem einiges dafür tun, um Ihre Finanzen in den Griff zu bekommen.

Das können Sie sich sparen – auch wenn's schwerfällt

Wohlhabend werden wir nur, wenn wir weniger ausgeben, als wir haben und den Rest sparen oder investieren. Sparsamkeit ist das Rezept, das viele erfolgreiche Persönlichkeiten reich gemacht hat. Der namhafte Börsianer Warren Buffet beispielsweise, rund 30 Milliarden Dollar schwer und einer der reichsten Männer der Welt, kam durch ständiges Sparen und Investieren zu seinem Vermögen. André Kostolany wiederum wurde reich und unabhängig durch Spekulationen an der Börse. Das Geld dafür hatte er sich zusammengespart.

Auch der bekannte Fondsmanager Sir John Templeton hatte im Alter von 20 Jahren zusammen mit seiner Frau ganz klein angefangen: Sie fassten damals den Entschluss, die Hälfte des Monatseinkommens zurückzulegen. Wie er später gestand, war ihm dies oft sehr schwer gefallen. Denn in schlechten Zeiten reichte das übrig gebliebene Geld kaum zum Überleben. Trotz aller Widrigkeiten hat Templeton eisern durchgehalten und es zum Milliardär gebracht.
Hierzulande gibt es ebenfalls Geldkarrieren, die auf dem Prinzip Sparen beruhen. Angefangen von Friedhelm Henkel bis zu den Brüdern Albrecht, die mit ihrer Discount-Kette Aldi zu den reichsten Unternehmern im Lebensmitteleinzelhandel aufgestiegen sind.

„Gut und schön", werden Sie jetzt einwenden. „Diese Beispiele stehen für einige wenige Personen, die mit viel Glück zu einem Riesenvermögen gekommen sind. Aber ich brauche erst gar nicht mit dem Sparen anzufangen – die paar Euro machen mich auch nicht reicher."

Zugegeben: Sparen ist nicht einfach. Zum einen bedeutet es, dass man sich einschränken muss. Die meisten Menschen aber wollen heute das Leben in vollen Zügen genießen. „Morgen kommt nie", lautet ihr Wahlspruch. Und so geben sie aus, was sie haben. Zum anderen ist es außerordentlich bequem, das Sparen in die Zukunft zu verschieben. „Sparen kann ich immer noch", beruhigen sich viele und vertrauen darauf, später einmal mehr Geld zur Verfügung zu haben. Und dann gibt es noch jene, die Sparen für den größten Blödsinn halten. „Das bringt doch nichts", so die Begründung. Wozu soll man sich also über Geld so viele Gedanken machen?

Genau das sollten Sie aber tun. Und möglichst gleich. Warum dies – auch in Hinsicht auf Ihr Alter – so wichtig ist, werden wir später noch erläutern. Nun geht es in der nächsten Übung zunächst darum festzustellen, wofür Sie in den letzten sieben Tagen Geld ausgegeben haben.

BRÜCKE ZUR UMSETZUNG

Checken Sie Ihre wöchentlichen Ausgaben

Notieren Sie bitte eine Woche lang Ihre Ausgaben – oder erinnern Sie sich an die Ausgaben der letzten Woche – und schreiben sie als Zusammenfassung in die untenstehende Tabelle. Aus dieser kurzfristigen ersten Übersicht ergeben sich oft bereits verblüffende Einsparpotenziale.

Ausgabenrubrik	Summe in Euro	Einsparpotenzial ja / nein

Diese Übung können Sie auch als Arbeitsblatt von unserer Website mdc24.com herunterladen.

Der Charme des Mehr: Wie Sie bekommen, was Sie wert sind

Sie haben sich einen Überblick über Ihre Finanzlage verschafft. Wie ist Ihr Fazit? Brauchen Sie langfristig oder sofort höhere Einnahmen? Oder wollen Sie einfach mehr, damit Sie in größerem Stil leben können? Wie auch immer – Sie haben zwei Möglichkeiten: Bleiben Sie angestellt und arbeiten sich dort nach vorn. Oder machen Sie sich neben- oder hauptberuflich selbstständig.
Vorab eine grundsätzliche Bemerkung: In der Einleitung dieses Buches haben wir besprochen, dass die Balance aller Lebensbereiche Sie vorwärtsbringt. Ihr Lebensrad soll rundlaufen. Wenn es aber darum geht, durchzustarten, weiter und höherzukommen, machen Sie sich darauf gefasst, dass Sie zeitweise in eine Disbalance geraten werden. Ja, sie werden für eine kurze Zeit die Disbalance wählen müssen, um sich auf die Erreichung eines sehr großen Zieles im finanziellen Bereich zu fokussieren. Diese Phase sollte zeitlich begrenzt sein, aber sie ist notwendig. Denn dieser Schritt fordert planerische und entscheiderische Fähigkeiten, vor allem aber zusätzliche Kapazitäten.

Damit das gut geht, sollten Sie dies vor allem im Privatbereich vorher abklären. Besprechen Sie mit Ihrem Partner, Ihrer Partnerin, Ihrer Familie, was Sie vorhaben, was es an menschlicher Geduld kosten und wie lange es dauern wird. Wägen Sie ab, wo Sie Zeit und Kraft einsparen können, um Ihrem Ziel näherzukommen. Denken Sie daran: Sie möchten etwas erreichen und das wird Sie etwas kosten. Sie müssen immer einen Preis zahlen. Das Ergebnis sollte es wert sein.

Wohin geht die Reise? Fundiert entscheiden

Sie haben sich entschieden: Sie wollen mehr, Sie wollen weiter. Jetzt gilt es zu überlegen, ob Sie in Ihrem Job oder in der Selbstständigkeit die besseren Chancen haben. Um das abwägen zu können, geben wir Ihnen eine klare Strategie an die Hand.

Sehen Sie sich zunächst Ihre Branche oder Ihren Job an. Fragen Sie sich: Kann ich hier nach vorn kommen, so weit wie ich will?

Vorhin haben Sie Ihre finanziellen Ziele betrachtet. Haben Sie *Sicherheit* als oberstes Ziel gewählt, dann bleiben Sie Arbeitnehmer. Behalten Sie Ihre Ausgabenseite gut im Blick – sie sollte auf gleicher Höhe bleiben. Und stecken Sie Mehreinkommen in den Vermögensaufbau.

Steht für Sie *finanzielle Unabhängigkeit* ganz oben? Dann machen Sie sich klar: Arbeitnehmer werden nicht finanziell unabhängig. Logisch, sie sind ja auf das laufende Gehalt ihres Arbeitgebers angewiesen. Ausnahme sind außertariflich bezahlte und vermögende Angestellte. Als Vorstandsvorsitzender oder glücklicher Erbe gehen Sie einfach weiterhin mit Vergnügen und Können Ihren Aufgaben nach. Allen anderen sei gesagt: Unabhängigkeit erreichen Sie nur als Freiberufler oder Unternehmer.

Steht *finanzielle Freiheit* an erster Stelle? Dann wägen Sie ab, ob sich für Sie der Weg in die Selbständigkeit lohnt.

Für alle drei Zielsetzungen geben wir Ihnen in den folgenden Abschnitten wertvolle Hinweise.

Erlauben Sie sich eine Gehaltserhöhung: Gute Arbeit verdient angemessenen Lohn

Eine Gehaltserhöhung bekommt man nicht – eine Gehaltserhöhung verdient man sich. Das klingt zunächst provokant. Es steckt jedoch eine ganze Menge Wahrheit darin.

Dazu müssen zwei Voraussetzungen erfüllt sein: Zunächst einmal sollten Sie sich selbst die innere Erlaubnis geben, überhaupt mehr Geld zu fordern. Sie sind es wert! Zum anderen muss sich für Ihre Firma ebenfalls ein Mehrwert ergeben. Eine klassische Win-Win-Situation also, von der beide Seiten profitieren.

Am Beginn steht immer Ihre Mehrleistung. Aus diesem Plus an Einsatz und Bereitschaft leiten Sie Ihren Mehrwert für die Firma und damit die Berechtigung für eine Gehaltserhöhung ab.

Testen Sie, wie es um Ihren Mehrwert bestellt ist. Schreiben Sie alles auf, wodurch Sie Ihrem Unternehmen nützen können. Die nächste Übung hilft Ihnen dabei.

BRÜCKE ZUR UMSETZUNG

Stellen Sie fest, welchen Nutzen Sie für Ihr Unternehmen haben

Werden Sie sich Ihrer einzigartigen Fähigkeiten bewusst und schreiben Sie die 10 wichtigsten auf. Und zwar stets unter dem Gesichtspunkt: Was bringen diese Stärken meinem Unternehmen.

Diese Analyse wird Ihnen bei der nächsten Gehaltsverhandlung oder im nächsten Vorstellungsgespräch überzeugende Argumente liefern!

Meine besonderen Fähigkeiten	Der Nutzen für mein Unternehmen

Diese Übung können Sie auch als Arbeitsblatt von unserer Website mdc24.com herunterladen.

Wie fühlen Sie sich jetzt? Nutzen Sie diese Liste, um ständig an Ihrem Selbstbewusstsein zu arbeiten! Es geht nicht darum, dass Sie „abheben", sondern darum, dass Sie gute Gründe für ein sicheres Selbstbewusstsein haben – und sich dies immer wieder klar machen! Es tut gut, wenn man sich über seine Fähigkeiten klar wird. Wenn man sich innerlich dessen versichert, was man kann, was man schafft, was man Besonderes leistet.

Das schafft eine solide Basis für Ihr Selbstvertrauen. Jetzt können Sie mit Fug und Recht sagen: Ja, ich habe mir die Gehaltserhöhung verdient.

Erarbeiten Sie Ihren USP

Aber Sie können noch mehr unternehmen, um Ihre Leistungen unter Beweis zu stellen. Tun Sie stets mehr, als von Ihnen verlangt wird! Und schreiben Sie auf, welchen Vorteil Ihre Firma davon hat. Auf diese Weise gelingt es Ihnen, Ihre Fähigkeiten erfolgreich zu vermarkten. Ihr Chef wird aufmerksam auf Sie; man lobt Sie für Ihr Engagement. Dadurch, dass Ihre Leistung anerkannt wird, bekommt Ihr Selbstvertrauen einen weiteren Schub. Denn Sie können schaffen, was Sie sich vornehmen.

Denkanstoß:
Entfalten Sie bei der Arbeit Ihr volles Leistungspotenzial. Es wird sich für Sie bezahlt machen.

An dieser Stelle kommt noch etwas Entscheidendes hinzu: Entdecken Sie Ihren USP (Unique Selling Proposition) – die einzigartige Eigenschaft, die Sie von allen anderen unterscheidet und einmalig macht.

Stellen Sie fest, was Sie besonders gut können, woran Sie am meisten Spaß haben und welche Fähigkeiten Ihrem Arbeitgeber den größten Nutzen bringen. Hilfreich ist es auch, sich am Markt umzuschauen, um die eigenen Chancen auszuloten und ein realistisches Bild von den Verdienstmöglichkeiten zu erhalten. Setzen Sie sich eine Frist von hundert Tagen, in denen Sie Ihren wichtigsten Vorzug herausarbeiten. Und: Notieren Sie alles, was Ihnen dazu einfällt. Damit haben Sie genügend Stoff, um sich gründlich auf Ihr Gehaltsgespräch vorzubereiten.

Noch ein Tipp für die Praxis: Spielen Sie zu Hause vor dem Spiegel oder mit Ihrem Partner das Szenario Ihrer Gehaltsverhandlung durch. Nach diesem praktischen Training gehen Sie gestärkt in das Gespräch und können erfolgreich verhandeln. Und denken Sie daran: Das war nicht

Ihre letzte Gehaltserhöhung. Legen Sie sich die ganze Aktion auf Wiedervorlage. Und planen Sie Ihren Aufstieg.

Für Selbstständige stellt sich die Situation ein wenig anders dar, weil sie zugleich Chef und Angestellter in ihrer Firma sind. Als Unternehmer befolgen Sie bitte diese Regeln: Zahlen Sie sich ein monatliches Gehalt in gleichbleibender Höhe und trennen Sie unbedingt Geschäftliches von Privatem. Behalten Sie diesen Kurs konsequent bei. Dann stellt sich der Erfolg nahezu automatisch ein.

Gehaltsempfänger haben darüber hinaus noch eine weitere Alternative: Sie können das Unternehmen verlassen und woanders neu anfangen. Dies kann verschiedene Vorteile bringen. Zum Beispiel, dass Sie bei Ihrer neuen Anstellung das Geld bekommen, das Sie verdienen. Und es gibt noch eine andere Möglichkeit, Ihre Einkünfte zu erhöhen. Erschließen Sie sich eine zweite Einkommensquelle! Oder wechseln Sie in die Selbstständigkeit.

Ein lukrativer Nebenjob: Das will gut überlegt sein

Die Gründung einer zweitberuflichen Existenz bedeutet für viele eine Chance, in kurzer Zeit zu einigem Vermögen zu gelangen. Beispielsweise in der Finanz-Dienstleistungsbranche, im Netzwerk-Marketing oder auch im Bereich des Franchising. Doch bevor Sie diesen Sprung wagen, sollten Sie im Vorfeld sämtliche Eventualitäten abklären. Dazu gehört unter anderem die Frage nach dem Produkt, das Sie künftig am Markt verkaufen werden. Ist der Artikel wettbewerbsfähig, sind Sie von seiner Qualität überzeugt, würden Sie die Ware selbst kaufen? Bedenken Sie, dass Sie Ihre künftigen Kunden nur dann für Ihr Angebot begeistern können, wenn Sie selbst hundertprozentig dahinterstehen.

Denkanstoß:
Brechen Sie mutig auf zu neuen Ufern – aber nicht ohne zu prüfen, was Sie dort erwartet.

Besonders gründlich sollten Sie auch die Partner prüfen, mit denen Sie es in Zukunft zu tun haben werden. Holen Sie eine Bankauskunft ein und informieren Sie sich umfassend über das betreffende Unternehmen. Gründungsjahr, Umsatzzahlen und Ertrag, Marktstellung, Kompetenz und Marketing sind wesentliche Messgrößen für die Seriosität einer Firma. Besonderes Augenmerk verdienen selbstverständlich auch die Menschen in diesem Unternehmen. Wer sind die Entscheidungsträger, mit wem genau werden Sie zusammenarbeiten, wie hoch oder gering ist die Mitarbeiterfluktuation? Schauen Sie genau hin, um rechtzeitig eventuelle Schwachstellen aufzudecken. Prüfen Sie, ob das Unternehmen Ihr Vertrauen verdient, ob die Mitarbeiter ihr Wort halten und zuverlässig sind. Dies erspart Ihnen spätere Enttäuschungen, die überaus teuer werden können.
In der folgenden Liste haben wir noch einmal die wichtigsten Punkte, die Sie vor dem Start in die eigene Existenz berücksichtigen sollten, in einer übersichtlichen Checkliste zusammengestellt:

- Welches Produkt wird verkauft?
- Sind Sie von dem Produkt überzeugt?
- Würden Sie es selber kaufen?
- Was für ein Partnervertrag wird angeboten?
- Mit wem?
- Welche Substanz, welches Unternehmen steht dahinter?
- Wer ist konkret der Vertragspartner?
- Was beinhaltet der Marketingplan?
- Wie sieht der Karriereplan aus?
- Und vor allem: Wer sind die handelnden Personen?
- Mit wem werden Sie gemeinsam arbeiten?
- Wie lange sind diese Personen bereits im Unternehmen?
- Können Sie ihnen vertrauen?
- Halten sie Wort?
- Wie zuverlässig sind sie?

Es liegt an Ihnen, ob Sie bei dieser Variante eher die Schwierigkeiten und Erschwernisse sehen, die die Doppelbelastung in jedem Fall mit sich bringt – oder die Möglichkeiten, die sich daraus ergeben.

Vergleichen Sie es mit dem Vollmond, der ganz unschuldig in lauer Sommernacht vor sich hin scheint und von dem Liebespaar als romantische Steigerung seiner ohnehin gefühlvollen Stimmung erlebt wird. Während der Einbrecher in ihm den ärgerlichen Störenfried sieht. Wie man es auch betrachtet: Der Mond bleibt immer der Mond. Es hängt also auch bei Ihrem Entschluss zur Selbstständigkeit davon ab, was Sie selbst daraus machen.

Ohne Vertrag geht nicht´s

Hat Ihr künftiger Geschäftspartner alle Tests gut überstanden, kommt der nächste Meilenstein auf dem Weg zu Ihrer Nebentätigkeit: Der Vertrag. Unterschreiben Sie nichts auf die Schnelle. Legen Sie das Papier einem Fachmann zur Überprüfung vor – ein auf Vertragsrecht spezialisierter Anwalt wird Ihnen sicherlich sagen können, ob der Vertrag in Ordnung ist oder nicht. Diese Zeit sollten Sie sich auf jeden Fall nehmen.

In etlichen Fällen ist aus dem zweitberuflichen Standbein eine hauptberufliche Karriere geworden, die den betreffenden Personen Erfolg und Wohlstand beschert hat. Warum also sollten Sie bei Ihrem geplanten Nebenerwerb nicht auch solch eine Karriere machen, sich selbst verwirklichen können? Es hängt oft nur von Ihnen selbst ab.

Unternehmen Sie was: Selbstständigkeit

Haben Sie sich dazu entschlossen, Unternehmer zu werden? Wissen Sie schon, in welcher Branche und mit welchem Zuschnitt?

Grundsätzlich gibt es vier Formen von Selbstständigkeit:

- mit eigener Geschäftsidee in eigenen Geschäftsräumen (die klassische Form der Selbstständigkeit mit einer Firma im eigenen Gebäude)
- mit eigener Geschäftsidee in fremden Räumen (Selbstständig oder Gründer in Mieträumen)
- mit fremder Geschäftsidee in eigenen Räumen (z.B. Franchising)

- mit fremder Geschäftsidee in fremden Geschäftsräumen (z.B. Franchising/ Multilevel Marketing, etc.).

Damit Sie für sich abschätzen können, welches Modell Ihnen eher liegt, hier ein paar weitergehende Informationen dazu:

⇨ Die erste Möglichkeit erfordert großes Know-how im unternehmerischen Bereich. Sie ist kostenintensiv, vor allem in der nicht abgesicherten Anfangszeit, bevor sich der wirtschaftliche Erfolg einstellt. Die nötigen Investitionen binden Kapital. Das Risiko ist am höchsten, der mögliche Gewinn sicher auch. Sind Sie sich Ihrer Sache sehr sicher? Dann wählen Sie diese Variante.

⇨ Die zweite Strategie ist vor allem für Existenzgründer mit wenigen oder gar keinen Angestellten sinnvoll. Mieten Sie sich in einem Businesscenter ein. Nutzen Sie dort die vorhandene Infrastruktur und sparen Sie das Geld für andere notwendige Investitionen.

⇨ Mit der dritten Möglichkeit kaufen Sie sich Know-how und Marktanalysen ein, Sie profitieren von einem eingeführten Namen. Vorausgesetzt, Sie haben Ihre Hausaufgaben gemacht (siehe oben unter *Ein lukrativer Nebenjob: Das will gut überlegt sein*), sind Sie hier auf der sicheren Seite.

⇨ Die vierte Variante – zum Beispiel Strukturvertrieb, Multilevel-Marketing – bietet die beste Übersicht, bevor Sie einsteigen. Hier haben Sie die geringsten Kosten zu stemmen. Bringen Sie sich selbst mit, Ihre Kenntnisse, Fähigkeiten und Ihre Motivation.

Sie haben sich für eine Branche und eine der vier Möglichkeiten entschieden? Dann setzen Sie sich eine Erprobungszeit. Und überprüfen Sie dann, ob Sie das erreicht haben, was Sie wollten. Erst dann fällen Sie die endgültige Entscheidung. Entweder Sie wechseln dauerhaft in Ihre neue Berufssituation. Oder Sie steigen wieder aus und bleiben Arbeitnehmer.

Erwerben und behalten: Geld für jetzt und später

Das betrifft Sie auf jeden Fall, egal wie Ihre Einstellung zum Geld aussieht: Auch der schönste berufliche Höhenflug endet einmal. Dann wollen oder müssen Sie sich zur Ruhe setzen. Und nun: Wie sieht es mit Ihrer Altersvorsorge aus?
Früher oder später, einmal hören Sie auf, aktives Einkommen zu erwirtschaften. Dann müssen andere Geldquellen zu sprudeln beginnen. Und dafür schaffen Sie jetzt die Grundlagen.

Ertrag in Sicht: Werfen Sie die Geldmaschine an

Es gibt unterschiedliche Möglichkeiten, wie Sie Ihr Geld vermehren können. Der herkömmliche Weg ist, durch die eigene Arbeitskraft zu einem gewissen Wohlstand zu kommen. Dabei geht es in erster Linie darum, mit eigener Hände Arbeit Geld zu verdienen, die eigene Arbeitskraft zu erhalten und das Leistungsvermögen ständig auszubauen.
Sie können aber auch zusätzliche Werte schaffen – durch Sparen oder aber die Investition in Sachwerte.

Denkanstoß:
Geld lässt sich auf unterschiedliche Weise vermehren. Entweder mit der eigenen Arbeitskraft, oder durch die Investition in Anlagewerte oder die Anschaffung von Sachwerten. In jedem Fall wird sich der finanzielle Erfolg einstellen.

Vorher werfen wir noch einen Blick auf unsere Mitbürger.

Im Jahr 2016 betrug die Sparquote (der gesparte Anteil des verfügbaren Einkommens) der privaten Haushalte in Deutschland rund 9,7 Prozent. Das Geldvermögen (Bargeldbestände, Bankeinlagen, Wertpapiere und Ansprüche gegenüber Versicherungen und Pensionseinrichtungen) belief sich zum Ende des zweiten Quartals 2017 auf 5.723 Milliarden Euro und stieg gegenüber dem ersten Quartal 2017 um gut 45 Milliarden Euro oder 0,8 Prozent. (Quelle: https://de.statista.com/statistik/daten/studie/37880/umfrage/geldvermoegen-der-privathaushalte-in-deutschland/)

Mit etwa 31 Mrd. Euro floss der Großteil der Mittel in Bargeld und Sichteinlagen. In Termin- und Spareinlagen sowie Sparbriefe wurde hingegen weniger investiert. Über 18 Mrd. Euro zahlten die Deutschen für Versicherungen und Pensionen. Für gut 10 Mrd. Euro wurden vor allem Anteile an Investmentfonds gekauft, darunter neben Immobilien- und Aktienfonds vor allem gemischte Wertpapierfonds. Zudem erwarben die Haushalte wie bereits im Vorquartal Aktien und sonstige Anteilsrechte im Umfang von knapp 2 Mrd. Euro netto. (Quelle: http://www.aktiencheck.de/exklusiv/Marktberichte-Deutsche_Bundesbank_Geldvermoegen_privaten_Haushalte_stieg_Q2_um_0_8-8166415)

Schwindende Werte: Leben mit der Inflation

Viele Menschen vertrauen also noch der Geldanlage. Dabei gibt es leider einen Wermutstropfen, der die Freude an den Erträgen, die wir aus konsequentem Sparen und intelligenten Geldanlagen gewonnen haben, ziemlich beeinträchtigt: Die schleichende Geldentwertung. Untersuchungen haben ergeben, dass sich die Preise in einem Zeitraum von 30 Jahren jeweils durchschnittlich um den Faktor 4 erhöhten. Die nachstehende Tabelle mit wahllos herausgegriffenen Dienstleistungen und Produkten belegt anschaulich, wie die Kostenentwicklung von 1970 bis 2008 verlaufen ist und weiter bis 2030 prognostiziert wird.

	1970	**2001**	**2008**	**2030**
Zeitung „Express“	10 Cent	40 Cent	50 Cent	1,60 Euro
Übernachtung im Hotel	40 Euro	160 Euro	200 Euro	540 Euro
Taxifahrt 8 km	2,50 Euro	10 Euro	14 Euro	40 Euro

Innerhalb von 30 Jahren steigen die Preise von Dienstleistungen und Gütern unterschiedlicher Art auf das Vierfache. Diese inflationäre Entwicklung schmälert die Erträge aus langfristigen Sparanlagen erheblich.

Sparen oder Anlegen? Das ist der Unterschied zwischen Geld- und Sachwert

Ungeachtet der inflationären Folgen liegt uns das Sparen im Blut. Kein Wunder: Bereits als Kind wurden wir dazu angehalten, zu sparen, nicht alles sofort auszugeben. Später belohnte uns die Bank mit Zinsen, die Versicherungen mit der Bausparsumme oder der Auszahlung der Lebensversicherung. Sparen und Geld anlegen war immer selbstverständlich. Über den Satz „Sachwert schlägt Geldwert" denkt man angesichts der steigenden Zahlen auf dem Konto da nicht nach – schließlich muss ja weiter investiert werden, um den Gewinn weiter zu optimieren – oder nicht?
Ganz so einfach ist es nicht. Belegt doch die Historie, dass viele große Vermögen nicht durch Sparen sondern durch die Anlage in Sachwerte aufgebaut und gesichert wurden. Das von Friedrich Karl Flick beispielsweise. Aber auch das von Warren Buffet mit seiner Berkshire Hathaway Inc. und vieler anderer erfolgreicher Menschen.

Um die Vorteile von Sachwerten zu verstehen, schauen wir uns einmal genauer an, welche Anlagemöglichkeiten wir haben. Grundsätzlich wird zwischen monetären und nicht-monetären Vermögensanlagen /-klassen unterschieden. Zu den nicht-monetären Vermögensanlagen gehören Sachwerte, auch Substanzwerte genannt. Dabei muss der Sachwert keine Immobilie sein – auch die Investition in Rohstoffe, Antiquitäten, Kunstobjekte oder auch Aktion bzw. Aktienfonds gehört dazu. Eben alles, was einen Anspruch auf einen realen Wert verkörpert. Ihnen liegt eine gütermäßige Basis zugrunde. Ein Beispiel: Ein Kilo Gold war 1870 ein Kilo Gold und ist heute ein Kilo Gold. Alles was schwankt, ist der Preis, nicht die Masse.
Geldanlagen, oder auch Nominalwerte, verbriefen hingegen einen Anspruch auf eine bestimmte Geldsumme. Dafür steht der Euro-Schein

ebenso wie Rentenfonds, Schuldverschreibungen, Festgelder und Tagesgeld, öffentliche (mündelsichere) Anleihen, festverzinsliche Wertpapiere, Bausparverträge, deutsche Kapitallebensversicherungen sowie private deutsche Rentenversicherungen. Für uns alle sind dies **werthaltige** Papiere – das haben wir im Laufe unseres Lebens gelernt. Tatsächlich ist es aber zunächst nur einmal bunt bedrucktes Papier, das für einen Wert steht. Dabei ist der Wert des Papiers Schwankungen ausgesetzt: Steigt die Inflation, sinkt immer die Kaufkraft der nominalen Geldeinheiten. Je nachdem, wie schnell dieser Kaufkraftverlust vonstattengeht, sprechen wir von schleichender oder galoppierender Inflation bzw. im Ernstfall von Hyperinflation.
Herrscht Inflation, erleiden private und institutionelle Anleger Substanz- und Kaufkraftverluste. Die Schuldner und Schuldenmacher – zu denen beispielsweise Regierungen zählen – erzielen per Saldo Substanzgewinne, da die Schulden aus inflationiertem Geld zurückgezahlt werden. Übrigens: Der größte Schuldner Deutschlands ist mitunter unser eigener Staat und damit (indirekt) wir selbst. Ende Juni 2017 betrug der Gesamtschuldenstand der öffentlichen Haushalte von Bund, Ländern und Gemeinden in Deutschland nach Angaben des Statistischen Bundesamtes mehr als 1.977.821 Millionen Euro (Wertpapierschulden und Kredite beim nicht-öffentlichen Bereich, Kassenkredite beim nicht-öffentlichen Bereich und Schulden insgesamt je Einwohner).
(Quelle: https://www.destatis.de/DE/ZahlenFakten/GesellschaftStaat/OeffentlicheFinanzenSteuern/OeffentlicheFinanzen/Schulden/Tabellen/VJ2016VorlaufigerSchuldenstandGesamthaushalt.html#tab1893510No1)

Bei jeder Privatperson würden schon lange die Alarmglocken klingen. In der Politik ist es anders – hier gibt es (bislang) keine persönliche Haftung für rote Zahlen in den Haushalten. Wohl aber der Wunsch, bei der nächsten Wahl wieder möglichst viele Stimmen zu bekommen. Dafür werden gerne Wahlgeschenke gemacht, die weitere Löcher in die Haushaltskasse reißen. Die Folge: Die Staatsverschuldung steigt – im November 2017 – um 58 Euro pro Sekunde. (http://www.steuerzahler.de)

Bleibt die Frage, wer in welchem Zeitraum Deutschlands öffentliche Schulden zurückzahlen soll. Dazu hat der Bund deutscher Steuerzahler folgende Rechnung aufgestellt: Hätte der Bund Ende 2016 bei dem damaligen Schuldenstand von 2.006 Milliarden Euro (ohne Zahlungsversprechen) ab sofort keine Schulden mehr aufgenommen und stattdessen die öffentliche Hand dazu verpflichtet, jeden Monat eine Milliarde Euro Schulden zu tilgen, wäre die Bundesrepublik 2184 schuldenfrei. (https://www.steuerzahler.de/Verschuldung/7688c8973i1p477/)

Auch wenn Politiker immer von Haushaltsdisziplin sprechen: Ein solcher Schuldenberg wird sich allein damit nicht mehr abtragen. Zumal ständig neue Herausforderungen auf unseren Staat zukommen – man denke nur an die dringenden Investitionen in die Infrastruktur. Damit wird auch die Schuldenbegrenzung zur Herausforderung.

Anders gesagt: Müsste die BRD handelsrechtlich bilanzieren, wäre die Insolvenz unschwer erkennbar. Schon 2005 hat der ehemalige hessische Ministerpräsident Roland Koch (CDU) darauf hingewiesen, dass – würden die Regeln des privatwirtschaftlichen Insolvenzrechtes gelten – jede Sekunde Verzögerung der Konkurs-Anmeldung des Unternehmens Deutschland beim Insolvenzgericht eine Straftat darstellen würde. (DIE WELT, 25.10.2005, Nr. 249, S. 2 / Ressort: Innenpolitik)

Denkanstoß:
Auch wenn die Politiker die Schulden machen – bezahlen werden es die Bürger. Und damit auch Sie. Durch Steuererhöhungen oder auch Einschnitte im Gesundheitswesen, die Sie dann mit Sonderzahlungen auffangen müssten.

Was also tun? Der letzte Ausweg wäre eine Währungsreform. Damit würde jeder zum Verlierer werden, der als Papiergeldsparer unsichere Geldanlagen wie Bargeld, Lebens- oder Rentenversicherungen, Sparkonten, Bausparverträge, Riester- oder Rürup-Verträge, mündelsichere Staatsanleihen und ähnliche Geldanlagen besitzt.
Aber auch, wenn die Zunahme der Staatsverschuldung weiter zunimmt – und das wird sie allein aufgrund des Zinseszinseffektes – wird es für

Papiergeldsparer zunehmend schwieriger. Ebenso wie für Gesellschaften, die die von ihren Kunden treuhänderähnlich anvertrauten Vermögenswerte langfristig weiter überwiegend in inflationsgefährdete Geldanlagen halten.

Fassen wir also zusammen: Geld als bunt bedruckte Zettel sind nur Schuldscheine und in erster Linie nur Zahlungsmittel. Sie sind keine Wertaufbewahrungsmittel geschweige denn eine wirklich werthaltige Vermögensanlage.
Geldanlagen sind damit nicht unbedingt werthaltig oder sicher. Daran ändert auch die staatlichen Garantien, die sogenannte Mündelsicherheit, nichts. Das zeigen die Währungsreformen 1948 und die Hyperinflation 1923.

Ein weiterer Aspekt: Garantien gehen immer zu Lasten der Rendite. Zahlt der Garantiegeber seine Zahlungen ein – wie beispielsweise Argentinien im Jahr 2002 – sind sie von heute auf morgen erst einmal wertlos. Und dass Staaten nicht pleitegehen können, wird unter den Vorzeichen der Eurokrise öffentlich ganz anders diskutiert als von abhängigen Produktverkäufern immer wieder dargestellt wird. Oder würden Sie heute griechische Staatsanleihen kaufen?

Auch Rentenversicherungen sollten kritisch betrachtet werden. Beispiel Riester: Angenommen, Sie haben 2007 eine Riester-Versicherung abgeschlossen. Ihr Ziel: In 40 Jahren, wenn Sie 67 Jahre alt sind – wollen Sie eine monatliche Rente von 500 Euro erhalten. Zugrunde gelegt wird eine optimistische Bezugsdauer von etwa 20 Jahren. Für dieses Versprechen zahlen Sie heute 66 Euro im Monat.

Denkanstoß:
Produkte und Dienstleistungen werden immer teurer. Um im Alter Ihren Lebensstandard halten zu können, brauchen Sie also mehr Geld als heute.

Nun schauen wir in die Glaskugel – natürlich mit Hilfe fundierter Zahlen. Im Januar 2017 lag das Geldmengenwachstum bei 4,9 % jährlich (https://www.bundesbank.de/Redaktion/DE/Downloads/Presse/EZB_Pressemitteilungen/2017/2017_02_27_geldmenge.pdf?__blob=publicationFile). Was bedeutet dies nun für den Wert der nominalen 500 Euro? Klammern wir das Realwachstum und die nachgelagerte Besteuerung aus, haben Sie in 40 Jahren gemessen an der heutigen Kaufkraft eine „stolze Rente" im einstelligen Euro-Bereich. Sie können sich also einmal im Monat ein Brot kaufen. Oder eine Portion Eis. Viel mehr dürfte nicht drin sein.

Auch Rentenversicherungen sollten kritisch betrachtet werden: Der Riester und der Rürup sind leider nicht der Rolls und der Royce der Altersvorsorge. Dass leider auch die gesetzliche Rente nicht viel bringen wird, ist ja nun ein offenes Geheimnis. Diesbezüglich gibt es eine offizielle Prognose für 2030, nach der die nominale Rentenhöhe knapp über dem (heutigen) Sozialhilfeniveau liegen wird (www.managermagazin.de/finanzen/geldanlage/a-305268.html, dok. Sep. 2016), und dies ohne Berücksichtigung der Kaufkraftverluste. Mit anderen Worten: Renten in Höhe der Grundsicherung werden für viele Menschen in einem der reichsten Länder der Erde normal werden. Was also tun? Zum jetzigen Zeitpunkt können wir nur sagen – und wir wollen und dürfen hier keine Anlagetipps geben – informieren Sie sich bei möglichst neutralen Stellen, die sich Ihr Wohl als Kunde auf die Fahne geschrieben haben. Beispielsweise fassen die Verbraucherzentralen immer wieder aktuelle Tipps aus Anlegersicht zusammen (www.verbraucherzentrale.de/set8/link1171098A.html, dok. Sep. 2016).

Mein Tipp: Hören Sie auf, Ihr Geld BEI der Bank anzulegen. Natürlich sind Banken und Versicherungen die wichtigsten Anbieter von Geldanlagemöglichkeiten, stark beaufsichtigt, am meisten reguliert und Anlagen sind bis zu einer gewissen Höhe gesichert. Aber auf der anderen Seite erwirtschaften Banken und Versicherungen mit dem Auflegen und Vermitteln von Anlageprodukten, dem Depot- und dem Investmentgeschäft einen nicht unerheblichen Teil ihres Profites und sind natürlich auch auf ihren eigenen Vorteil bedacht, nicht nur den der Kunden. Und dass in

Zeiten von Niedrigzins das Herumliegen des Geldes auf dem Konto nichts mehr bringt – bis womöglich noch (mehr) Strafzinsen in nächster Zeit –, ist evident, das meint nicht nur die Presse. Also legen Sie Ihr Geld lieber an WIE die Bank! Investieren Sie in Sachwerte wie Immobilien, Rohstoffe oder Edelmetalle, in unternehmerische Beteiligungen an Firmen – und profitieren Sie von Wertsteigerungen. Unser persönlicher Tipp: Wenn Sie im Rahmen Ihrer Risikostreuung noch etwas Spielgeld übrighaben, denken Sie über den Direktkauf von einigen Aktien, Blue Chips nach, die sich über viele Jahre bewährt haben. Oder über das begrenzte(!) Investment in eine neue, schnell viral gehende (Internet-)Geschäftsidee, wie Sie sie auf vielen Crowd-Finance-Plattformen finden. Da vor allem gilt: Investieren Sie nur in Geschäftsbereiche, Ideen, Märkte, von denen Sie was verstehen! Oder bei denen ganz evident ist, dass die Produkte oder Leistungen grundlegende Wünsche der Menschen befriedigen, viral gehen und skalierbar produziert werden können. Ja, selbstverständlich bringt auch dies Risiken mit sich – und selbstverständlich werden Sie sich viel intensiver um Ihre Finanzen und Anlagen kümmern müssen. Aber Wert zu schaffen, muss Ihnen eben auch etwas wert sein!

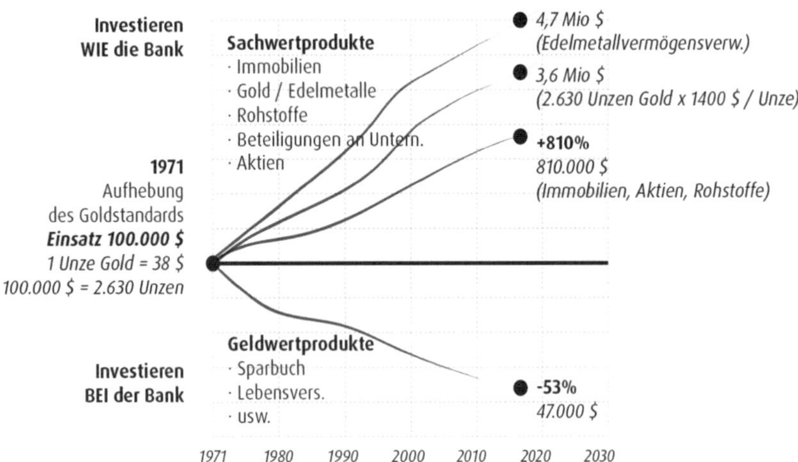

Abb. 6: Entwicklung von Anlagen und Finanzen seit 1971, eigene Darstellung
Quelle: Zusammenfassung von Marco Dietsche (2011)

Berücksichtigen Sie die folgenden Aspekte und die Speiche „Finanzen & Sicherheit“ Ihres Lebensrades wird nicht so schnell brechen.

Fazit:

- Arbeiten Sie an Ihrem Geldgespür.
- Verschaffen Sie sich einen Überblick über Ihre finanzielle Situation.
- Vermeiden Sie konsumbedingte Schulden und ein Leben auf Pump.
- Verdienen Sie sich eine Gehaltserhöhung durch mehr Leistung.
- Erschließen Sie sich neue Einkommensquellen.
- Prüfen Sie die Möglichkeiten selbstständiger Arbeit – denn hier ist der Hebel, bedeutend mehr Geld zu verdienen!
- Die Million ist zu schaffen. Fangen Sie an, einzusparen und anzusparen – und suchen Sie sich einen Hebel für Ihr Einkommen oder Ihre Anlagen.
- Sorgen Sie vor für ein finanziell sorgenfreies Alter. Jetzt!

REFLEXION: Jetzt sind Sie dran: Denken Sie weiter

Haben Sie wirklich ein „Liebes-Verhältnis“ zu Geld?
Sind Sie sicher, wie sich Ihr Leben finanziell gestalten soll? Streben Sie nach finanzieller Sicherheit, Freiheit oder Unabhängigkeit?
Welchen Weg dahin werden Sie nutzen? Wie sieht Ihr Anlageportfolio zurzeit aus?
Wer kann Sie auf Ihrem finanziellen Weg unterstützen? Wer kann Sie beraten?
Wer hat schon bewiesen, dass er es kann und wäre wohl bereit, sein Wissen mit Ihnen zu teilen?
Fühlen Sie den Unternehmer in sich? Fühlen Sie, dass Sie mehr bewegen, mehr erreichen wollen – und dass Sie das damit verbundene Risiko in Kauf nehmen wollen?
Können Sie dieses Risiko in Kauf nehmen – weil Sie zum Beispiel Ihre Familie schon abgesichert haben?
Erarbeiten Sie den Finanzplan für das Unternehmen „Mein Leben“ und fangen Sie an, ihn umzusetzen.

Speiche 4: Menschen & Miteinander

In diesem Kapitel erfahren Sie, wie Sie mit ehrlichen und tiefen Beziehungen zu Menschen Ihr Berufs- und Privatleben bereichern. Sie reflektieren, welche Rolle Sie selbst in Beziehungen spielen und wie Sie mit Hilfe und der Zusammenarbeit anderer Ihre eigenen und die gemeinsamen Ziele erreichen können. Sie lernen, wie Sie Beziehungen aktiv gestalten, auch, wenn unterschiedliche Standpunkte vertreten werden: Wie Sie Auseinandersetzungen oder Verhandlungen meistern, erarbeiten Sie hier.

Von Mensch zu Mensch: in jeder Beziehung offen und ehrlich

Sie haben sich intensiv mit Ihrer eigenen Person, Ihren Zielen und Visionen, Ihrem Körper und Ihren Finanzen beschäftigt. Doch das alles reicht nicht aus, um ein durchgängig erfolgreiches und erfülltes Leben zu führen. Denn ohne zwischenmenschlichen Kontakt und die Zuwendung anderer würden wir auf Dauer innerlich verarmen. Bereits von klein auf ist der Mensch auf Zuneigung angewiesen und entwickelt die eigene Persönlichkeit durch Nachahmen anderer und durch die Abgrenzung von ihnen. Deshalb widmen wir uns in diesem Kapitel Ihrer Beziehung zu anderen Menschen.

In der heutigen Zeit halten viele stabile Beziehungen nicht mehr für nötig. Sie grenzen sich möglichst schnell vom Elternhaus ab, mögen sich nicht auf einen Partner festlegen, sondern leben das Konzept der „seriellen Monogamie" mit häufig wechselnden „Lebensabschnittspartnern", legen wenig Wert auf den guten Zusammenhalt mit Kollegen oder Mitarbeitern. Doch selbst dann ist es so: Sie stecken in einem Geflecht an Beziehungen mit anderen Menschen. Und wie erfüllend, stärkend und unterstützend diese ausgestaltet sind, das haben Sie selbst in der Hand. Das wissen diejenigen, die bewusst und aktiv positive Beziehungen leben. Die in einer guten Partnerschaft leben, Kinder haben. Die mit Freundschaften ihr Leben in Balance halten. Die gute Geschäfte mit anderen Menschen machen, weil sie auch Kundenbeziehungen gut ausgestalten. Kurz: Jeder ist von Menschen umgeben, mit denen er mindestens zeitweise in eine Beziehung tritt. Die in Krisen ebenso für uns da sind, wie in guten Zeiten – wenn wir es ihnen erlauben.
Machen Sie deshalb aus den Beziehungen zu anderen Menschen eine stabile Speiche für Ihr Lebensrad!

Machen Sie sich bewusst, wie stark Ihr Leben von anderen beeinflusst wird, wie Sie Ihre Spuren in den Lebensläufen der anderen hinterlassen. Möchten Sie ohne all das sein? Sicher nicht. Also schauen wir uns an, wie Sie bewusst Ihre Kontakte und Beziehungen auf- und ausbauen können.

Beziehungen halten Sie im Gleichgewicht – balancieren Sie gekonnt

Wir sind nicht nur auf emotionaler Ebene auf den Kontakt zu anderen Menschen angewiesen. Auch bei der Arbeit brauchen wir die Hilfe unserer Mitmenschen. Zwar verfügen wir über eine Vielfalt von Begabungen, doch ist meist jede nur eher durchschnittlich ausgeprägt: nur wenige können sogenannte Kernkompetenzen sein. Kernkompetenzen bezeichnen Fähigkeiten oder Fertigkeiten, die wir in höchster Meisterschaft beherrschen, und die uns zum Spezialisten auf bestimmten Gebieten machen.

Nutzen Sie die Unterstützung anderer – und: Vorsicht vor Energie-Vampiren

Höchstleistungen können wir in der Regel nur auf einem Spezialgebiet erbringen. Je mehr wir zu Generalisten werden, desto weniger können wir Spezialisten sein. Um Höchstleistungen auch in der Breite zu erzielen, benötigen wir daher professionelle Unterstützung, die wir uns von anderen Spezialisten holen. Zusammengefasst: Wir brauchen Beziehungen wie das tägliche Brot – für unsere Seele und für unseren Erfolg.

Denkanstoß:
Da wir keine Alleskönner sind, müssen wir uns mit anderen zusammentun, um Spitzenleistungen zu vollbringen.

Vamperizer meiden, Energizer werden

Vorsicht: Nicht jede Art von Beziehung wird Ihnen nützlich sein. Achten Sie darauf, dass Sie an keinen Energie-Vampir geraten. Solch ein Mensch versteht es hervorragend, Ihnen regelrecht alle Lebenskraft auszusaugen. Schon während eines Gesprächs spüren Sie, wie Sie immer schwächer werden. Am Ende sind Sie so erschöpft, dass Sie erst einmal eine Pause benötigen. Sie sind einem Vamperizer zum Opfer gefallen. In dieser Situation wäre es vorteilhaft, einen Energizer in der Nähe zu haben, der Ihnen neue Kraft gibt und positive Gedanken vermittelt. Klopfen Sie Ihre Beziehungen daraufhin ab und versuchen Sie, selbst ein Energizer, ein Energie-Spender, zu werden. Wie? Dazu erhalten Sie in diesem Kapitel viele Anregungen und Tipps.

Es gibt jede Menge Beziehungen – doch im Grunde funktionieren alle gleich

Ist das Thema „Beziehungen“ für Sie ein heißes Eisen? Dann liegt es vermutlich daran, dass Sie meinen, jede dieser Beziehungen individuell gestalten zu müssen und sich davon überfordert fühlen. Müssen Sie nicht! Denn ganz gleich, ob es um eine Beziehung zu Ihrer Partnerin, Ihrem Partner, einem Kunden, Ihrem Vorgesetzten oder guten Freunden geht – alle Beziehungen funktionieren nach ähnlichen Gesetzmäßigkeiten. Vorausgesetzt, sie werden nach diesen Grundregeln gestaltet:

- Lieben Sie sich selbst. Nur wenn Sie sich annehmen, wie Sie sind, können auch andere Sie so annehmen. Und nur so lernen Sie wiederum, den anderen auch genauso anzunehmen, wie er ist.
- Begegnen Sie allen Beziehungspartnern auf Augenhöhe.
- Bringen Sie Ihren Mitmenschen unvoreingenommen Wertschätzung entgegen.
- Sehen Sie die Welt mit den Augen des anderen.
- Hören Sie Ihrem Gegenüber mehr zu und nehmen Sie sich selbst beim Sprechen zurück.
- Halten Sie Ihre Beziehungswaage im Gleichgewicht.
- Geben Sie, bevor Sie nehmen.
- Denken Sie langfristig.
- Werden Sie für Ihren Beziehungspartner interessant.
- Seien Sie ein Energiespender für die Menschen.

Jetzt sind Sie am Zug. Eine aktuelle Bestandsaufnahme Ihrer Beziehungen wird Ihnen interessante Einsichten vermitteln.

BRÜCKE ZUR UMSETZUNG

Bestandsaufnahme Ihrer Beziehungen

Bitte beantworten Sie die folgenden Fragen und machen Sie sich damit die Qualität Ihrer Beziehungen bewusst.

Mit welchen Menschen verbringe ich die meiste Zeit meines Tages?

....

Welche dieser Beziehungen sind für mich Energiespender?

....

In welchen Beziehungen bin ich Energiespender?

....

Was ist in den Energiespenderbeziehungen anders?

....

Welche Beziehungen möchte ich verändern / beenden?

....

Welche Beziehungen möchte ich neu aufbauen?

....

Diese Übung können Sie auch als Arbeitsblatt von unserer Website mdc24.com herunterladen.

Beginnen Sie bei sich: Ohne Sie geht es nicht

Der Mensch, mit dem Sie die meiste Zeit des Tages verbringen, sind Sie selbst. Auf unser Thema bezogen heißt das: Bevor Sie daran denken, mit anderen eine Verbindung aufzubauen, müssen Sie Ihre Beziehung zu sich selbst in Ordnung bringen. Dies gelingt aber nur, wenn Sie bereit sind, sich als Person so zu akzeptieren, wie Sie sind. Sie müssen sich selber lieben und aus Ihrem eigenen Selbstbewusstsein Energie schöpfen.

Ich will so bleiben, wie ich bin - sagen Sie Ja zu sich selbst

Dies erstreckt sich auf alles, was Sie tun. Ohne festen Glauben an sich selbst kann keine Führungskraft Mitarbeiter motivieren. Ebenso wenig wird ein Verkäufer das Vertrauen des Kunden gewinnen, wenn er nicht an die eigenen Fähigkeiten und seine Produkte glaubt. Erst recht wird eine Liebesbeziehung scheitern, wenn einer der Partner nicht in der Lage ist, sich selbst zu lieben. Die Liebe zum eigenen Ich, von der hier die Rede ist, hat nichts mit Selbstverliebtheit zu tun. Es geht vielmehr um die grundsätzliche Einstellung zur eigenen Person, um das eindeutige Ja zu uns selbst.

Bei der folgenden Übung haben Sie Gelegenheit herauszufinden, zu welchen Ihrer Eigenschaften Sie schon Ja sagen können.

BRÜCKE ZUR UMSETZUNG

Bestandsaufnahme Ihrer positiven Seiten

Bitte schreiben Sie alle Eigenschaften, Verhaltensweisen oder Bestandteile Ihrer Persönlichkeit, alles, was Sie an sich mögen und zu dem Sie Ja sagen, auf ein Blatt Papier. Wenn das nicht reicht, nehmen Sie ein zweites. Indem Sie dies regelmäßig tun, gewinnen Sie an Selbstvertrauen, auch in schwierigen Phasen.

Meine positiven Eigenschaften:

....

....

....

....

....

....

Diese Übung können Sie auch als Arbeitsblatt von unserer Website mdc24.com herunterladen.

Das große Aber: Niemand ist perfekt

Uneingeschränkt ja zu sich selbst zu sagen, kann ziemlich schwerfallen. Das werden Sie bei dieser Übung gemerkt haben. Vermutlich ging es Ihnen so wie vielen Menschen, die beispielsweise von sich behaupten: „Ja, ich bin eine gute Führungskraft. ABER – leider bin ich so schrecklich ungeduldig." „Ich sehe ja ganz gut aus, ABER die Pickel in meinem Gesicht sind schrecklich." Jeder von uns hat seine persönlichen Schwächen. Angefangen bei den Pfunden, von denen man zu viel auf die Waage bringt, über die unkontrollierten Temperamentsausbrüche bis hin zur

Unsicherheit bei der Wahl der passenden Garderobe. Jedes Aber ist eigentlich ein deutliches Nein. Ein Nein zu sich selbst, wenn auch nur in einem Teilbereich. Sie wollen daran arbeiten? Dann zeigen wir Ihnen im Folgenden, wie das geht.

Starten wir damit, dass Sie mehr über die ABERs erfahren. Die nächste Übung hilft Ihnen dabei.

BRÜCKE ZUR UMSETZUNG

Und jetzt die andere Seite

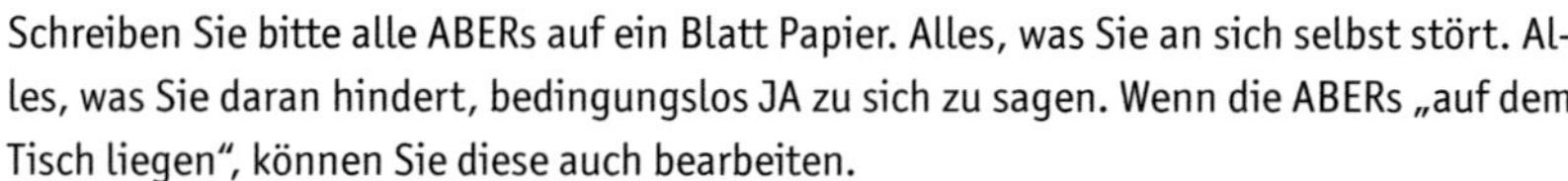

Schreiben Sie bitte alle ABERs auf ein Blatt Papier. Alles, was Sie an sich selbst stört. Alles, was Sie daran hindert, bedingungslos JA zu sich zu sagen. Wenn die ABERs „auf dem Tisch liegen", können Sie diese auch bearbeiten.

Meine ABERs:

....

....

....

....

....

....

Diese Übung können Sie auch als Arbeitsblatt von unserer Website mdc24.com herunterladen.

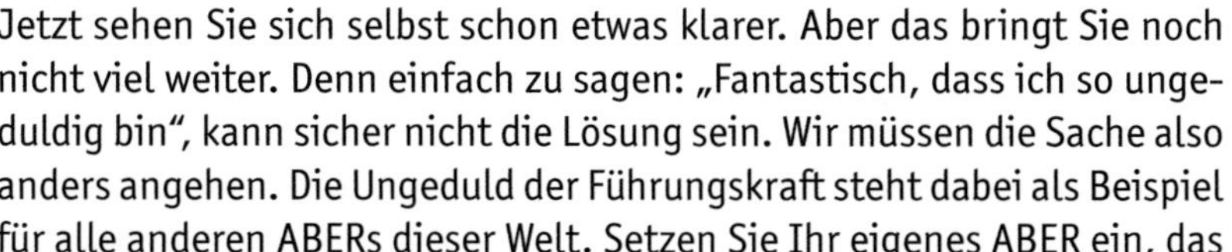

Jetzt sehen Sie sich selbst schon etwas klarer. Aber das bringt Sie noch nicht viel weiter. Denn einfach zu sagen: „Fantastisch, dass ich so ungeduldig bin", kann sicher nicht die Lösung sein. Wir müssen die Sache also anders angehen. Die Ungeduld der Führungskraft steht dabei als Beispiel für alle anderen ABERs dieser Welt. Setzen Sie Ihr eigenes ABER ein, das Sie bearbeiten möchten.

Was Energie bekommt, wächst

Ganz falsch wäre es, wenn Sie Ihre kleinen Fehler nun mit allen Mitteln bekämpften. Dann würde wie in der Physik Folgendes passieren: Nach dem Prinzip „Druck erzeugt Gegendruck“ bekämen die ungeliebten Verhaltensweisen Aufwind und würden stärker statt schwächer. Was viel Aufmerksamkeit = Energie von Ihnen bekommt, wird wachsen. Je mehr Sie sich beispielsweise auf Ihre Ungeduld konzentrieren, desto ungeduldiger werden Sie. Und schließlich sind Sie von vornherein schon nervös, weil Sie Angst haben, wieder einmal die Geduld zu verlieren.
Um diese Spirale zu stoppen, müssen Sie Energie aus dem System herausnehmen. Geben Sie Ihren Widerstand auf und stehen Sie zu Ihrer Ungeduld als einer Eigenschaft, die zu Ihnen gehört. Sobald Sie dieses Bekenntnis verinnerlicht haben, können Sie fortfahren, an Ihrem Verhalten zu arbeiten.

Das Positive am Negativen: Auf den Nutzen kommt es an

So merkwürdig es klingt: Alles, was wir für schlecht halten, ist auch für irgendetwas gut. Bleiben wir beim Beispiel Ungeduld. Als temperamentvoller Mensch fahren Sie aus der Haut, wenn Ihre Mitarbeiter etwas nicht sofort begreifen oder nicht schnell genug das gewünschte Resultat erbringen. Dieses Verhalten hat zweifellos einige negative Folgen. Ihre Mannschaft fühlt sich unter Druck gesetzt, hat nicht genügend Zeit, um eigene Ideen zu entwickeln, und liefert vielleicht sogar Lösungen ab, die nicht Ihren Qualitätsansprüchen entsprechen. Auf der anderen Seite bewirkt Ihre Ungeduld aber auch etwas Gutes: Ihre Abteilung gewöhnt sich an ein hohes Arbeitstempo und ist in der Lage, in kurzer Frist außerordentliche Erfolge zu realisieren. Das Leistungsniveau steigt und alle Beteiligten sind stolz, etwas Besonderes geschafft zu haben.

Denkanstoß:
Wir sind für das verantwortlich, was wir tun oder auch nicht tun! Deshalb mein Rat: Bekämpfen Sie Ihre Schwächen nicht, sondern versuchen Sie, ihnen etwas Positives abzugewinnen.

Es lohnt sich also zu überprüfen, welcher Nutzen mit Ihren sogenannten Schwächen verbunden ist oder in der Vergangenheit verbunden war. Dabei hilft die nächste Übung.

BRÜCKE ZUR UMSETZUNG

Finden Sie die guten Seiten an Ihren ABERs

Finden Sie zu allen ABERs den Nutzen und halten Sie ihn für die größten 10 schriftlich fest. Ihr Bild von sich wird sich dadurch weiter wandeln.

ABER	Nutzen

Diese Übung können Sie auch als Arbeitsblatt von unserer Website mdc24.com herunterladen.

Kann es sein, dass Ihnen manche Schwächen schon gar nicht mehr so schlimm erscheinen? Dass Sie eigentlich ganz gut damit leben können? Dann belassen Sie es dabei und tauschen im Kopf lediglich das Wörtchen „aber" gegen das Wörtchen „und" aus. Diese kleine Änderung in Ihrer Denkweise hat eine immense Wirkung, wie das folgende Beispiel verdeutlicht: „Ja, ich bin eine fähige Führungskraft, aber ich habe wenig Geduld mit meinen Mitarbeitern." Durch das Wörtchen „aber" stellen Sie die eigenen Fähigkeiten sofort wieder in Frage. Dies können Sie jedoch vermeiden, indem Sie stattdessen sagen: „Ich bin eine fähige Führungskraft, und ich bin ungeduldig mit meinen Mitarbeitern." Spüren Sie den Unterschied? Sie können sich Fehler und Schwächen zugestehen und trotzdem ein klares Ja zu sich selbst sagen.

Das Gehirn als Spielverderber: Sich zu ändern fällt schwer

Genauso gut ist es auch möglich, dass Sie sich mit Ihrer Ungeduld nicht abfinden wollen. In diesem Fall müssen Sie eine praktikable Lösung finden, um diesen Störfaktor auszuschalten oder zumindest auf ein erträgliches Maß herunterzufahren. Dabei sollten allerdings die vorhin beschriebenen positiven Effekte erhalten bleiben.

Das Dumme ist nur: Je mehr wir uns bemühen, ein Fehlverhalten abzustellen, desto hartnäckiger denken wir daran. Die Sache geht uns partout nicht aus dem Kopf. Der Grund dafür: Das Gehirn kann nicht „nicht" denken.

Denkanstoß:
Je mehr wir uns bemühen, etwas zu verdrängen, desto mehr beschäftigen wir uns damit.

Die folgende kleine Geschichte verdeutlicht diesen Sachverhalt. Einem Mann wurde von einer Wahrsagerin Folgendes prophezeit: „Du wirst in Kürze einen großen Schatz finden, der dich auf einen Schlag von allen finanziellen Sorgen befreit. Doch du musst unbedingt drei Dinge beachten, wenn du Erfolg haben willst. Erstens: Grabe bei Vollmond unter der Wurzel des größten Baumes in deinem Garten. Zweitens: Grabe selbst und beeile dich dabei, denn du hast nur von Mitternacht bis ein Uhr Zeit dafür. Drittens: Du darfst beim Graben an alles denken – nur nicht an ein Nilpferd." Unnötig zu sagen, dass der arme Schatzsucher die beiden ersten Bedingungen problemlos erfüllte, aber an der dritten kläglich gescheitert ist. Noch heute soll er in psychiatrischer Behandlung sein.

Wenn es dem Gehirn also nicht möglich ist, in Verboten zu denken, brauchen Sie eine Alternative. Was wollen Sie tun, anstatt ungeduldig zu sein? Sie erfahren es gleich nach der nächsten Übung.

BRÜCKE ZUR UMSETZUNG

Finden Sie Alternativen

Finden Sie für drei Ihrer verbliebenen ABERs jeweils mindestens drei Alternativen, die denselben Nutzen erfüllen und für Sie attraktiver sind. Dadurch erhalten Sie mehr Flexibilität in Ihrem Handeln.

ABER	Nutzen	Alternativen
		A B C
		A B C
		A B C

Diese Übung können Sie auch als Arbeitsblatt von unserer Website mdc24.com herunterladen.

Die Alternative als Ausweg – überlisten Sie Ihr Denken

Es gibt also durchaus Wege, das eigene Denken geschickt zu nutzen. Die erste und entscheidende Frage in diesem Zusammenhang ist: Wie wollen

Sie sich verhalten, wenn Sie wieder einmal die Ungeduld überkommt? Wie könnte die Alternative aussehen? Da gäbe es einige Möglichkeiten. Sie könnten beispielsweise jedes Mal tief durchatmen und bis zehn zählen. Und sich dann entscheiden, ob ungeduldiges Verhalten angebracht ist oder nicht. Oder etwas ganz Verrücktes tun. Zum Beispiel Lachen, um aus dem Automatismus auszubrechen. Oder Sie klinken sich ganz einfach aus der Situation aus.

Eine weitere wichtige Frage ist, wo und wann Ihnen Ihr ungeduldiges Verhalten auch in Zukunft nützlich sein kann. Vielleicht zum Quartalsende, wenn wichtige Zahlen schnell ermittelt werden müssen? Oder bei Ihrem Sohn, der kurz vor dem Zeugnis immer noch nicht von seiner Fünf in Mathematik heruntergekommen ist? Finden Sie heraus, wann Ungeduldig sein in Ihrem Leben Sinn ergibt.
Damit steht Ihnen ein Ausweg offen, um Ihre alten, ungeliebten Verhaltensweisen ab und zu doch noch zeigen zu können. Schon bald werden Sie feststellen, dass Ihnen längst nicht mehr so häufig der Geduldsfaden reißt wie früher. Auch wenn Sie eigentlich ungeduldig sein dürften – Sie sind es nicht mehr. Durch diesen simplen Trick vermeiden Sie, sich selbst unter Druck zu setzen und gehen viele Situationen entspannter an.

In der nächsten Übung können Sie festlegen, bei welchen Gelegenheiten Sie sich Ihr altes Verhalten erlauben möchten oder was Sie stattdessen tun wollen.

BRÜCKE ZUR UMSETZUNG

Lassen Sie Ausnahmen zu

Finden Sie Gelegenheiten, bei denen sich Ihr altes ABER zeigen darf. Denken Sie dabei daran, dass es um Dürfen und nicht um Müssen geht. Die Kenntnis dieser Gelegenheiten nimmt viel Druck von Ihnen.

ABER	Nutzen	Gelegenheit

Diese Übung können Sie auch als Arbeitsblatt von unserer Website mdc24.com herunterladen.

Nun haben Sie es fast geschafft, Ordnung in Ihre Schwächen zu bringen. Der letzte Schritt besteht nun darin, das neue Verhalten zu festigen. Dabei hilft Ihnen mentales Training: Spielen Sie die jeweilige Situation durch, in der Sie Ihre guten Vorsätze anwenden möchten. Beispielsweise ein ruhiges, geduldiges Gespräch mit Ihrem Mitarbeiter. Schließen Sie die Augen und stellen sich diese spezielle Situation vor. Hören Sie, was Sie und andere sagen. Achten Sie darauf, ob es irgendwelche Geräusche im Umfeld gibt. Spüren Sie, wie es sich anfühlt, Ihr neues Verhalten auszuprobieren. Lassen Sie alle Sinneseindrücke auf sich wirken und verändern Sie die Szene so lange, bis sie perfekt ist. Der Lerneffekt kann zusätzlich unterstützt werden, indem Sie diese bestimmte Situation mit einem Wort oder einer Geste in Verbindung bringen. Wiederholen Sie dieses Schlüsselsymbol immer wieder, bis Sie reflexartig darauf reagieren und die Situation automatisch vor Ihrem inneren Auge entsteht.

Sie und die anderen: gegen- und miteinander

Das mentale Training hat Sie hoffentlich entspannt und fit für Neues gemacht. Gerade im Beziehungsbereich spielt das Gleichgewicht zwischen den Beteiligten eine entscheidende Rolle. Jede Beziehung beruht auf den Prinzipien Austausch, Gleichberechtigung und Angstfreiheit. Wenn Sie diese Empfehlungen beachten, wird sich jede Beziehung erfolgreich und für alle Beteiligten befriedigend entwickeln. Dazu gehört auch das Prinzip vom Geben und Nehmen.

Begegnung auf gleicher Augenhöhe: spannungsfrei miteinander umgehen

Nur wenn Sie Ihrem Partner etwas bieten können und im Gegenzug von ihm etwas bekommen, wird die Verbindung Bestand haben. Dabei kann es um materielle Dinge gehen, wie etwa Leistung gegen Bezahlung im Beruf. Dabei hängt sehr viel davon ab, wie der Zustand einer Beziehung von den Betreffenden subjektiv beurteilt wird. Ein Gehalt kann objektiv gesehen absolut angemessen sein. Doch sollte sich der Mitarbeiter dennoch ungerecht bezahlt fühlen, wird es zwangsläufig zu Spannungen mit seinem Chef kommen. Das Prinzip gilt aber auch für Emotionen: Wer das Gefühl hat, mehr Zuwendung zu geben als zu erhalten, verliert auf Dauer Energie. Während der geliebte Partner „energetisch wächst“, entsteht ein Ungleichgewicht in der Beziehung – und das kann ihr auf Dauer schaden. Die Balance an gegenseitiger Aufmerksamkeit, an gegenseitiger Zuwendung, an gegenseitigem Energiespenden macht Beziehungen harmonisch und damit stabil.

Denkanstoß:
Das Gleichgewicht von Geben und Nehmen ist unerlässlich für jede funktionierende Beziehung.

Neben dem wechselseitigen Austausch ist es ebenso wichtig, dass sich die Beziehungspartner gleichberechtigt begegnen. Das bedeutet jedoch nicht die Auflösung aller hierarchischen Strukturen im Unternehmen. Vielmehr muss es über die unterschiedlichen Ebenen hinweg Spielregeln geben, die für beide Parteien gleichermaßen gelten. Darf zum Beispiel der Mitarbeiter denselben saloppen Ton gegenüber dem Chef nutzen, den dieser ihm gegenüber anschlägt?

Und der dritte Punkt – Angst – ist für jedes Miteinander tödlich. Sei es die Furcht vor Sanktionen in der Beziehung wie zum Beispiel Kritik, Strafe, Liebesentzug o. ä. oder gar einer Auflösung, einer Scheidung, einer Entlassung – auf einer von Angst geprägten Basis kann keine Beziehung überleben. Auch wenn sie formal noch weiter existiert.

Plädoyer für die Wertschätzung: Der Zweck heiligt nicht immer die Mittel

Im Folgenden möchten wir uns mit einem heiklen Thema befassen: Was können wir unternehmen, wenn wir in einer Beziehung ausgenutzt werden?

Sie haben es wahrscheinlich selbst schon erlebt. Plötzlich spüren Sie, dass ein anderer nur dann Kontakt zu Ihnen sucht, wenn er etwas von Ihnen will. Dann fühlen Sie sich wie die Ehefrau, die nur noch für die schmutzige Wäsche zuständig ist. Oder wie der Vater, der nur noch Geld verdienen und zahlen darf. Oder wie der Mitarbeiter, der lediglich für unangenehme Aufgaben eingesetzt wird. Oder der Kunde, der nur noch als willkommene Einnahmequelle fungiert. Das soll nicht heißen, dass man keinen Nutzen aus einer Beziehung ziehen darf. Aber dieser Nutzen darf nicht einseitig sein. Und schon gar nicht sollte der Beziehungspartner auf den Vorteil reduziert werden, den er dem anderen bietet.

Aus diesem Grund ist es wichtig, dass Sie Ihr Gegenüber – unabhängig von dem berechtigten Interesse an der Funktionalität und Nützlichkeit einer Person – als Mensch schätzen. Je besser es Ihnen gelingt, Menschen gegenüber aufgeschlossen zu sein, desto leichter wird es Ihnen fallen, Kontakte zu knüpfen. Und Sie werden eines feststellen: Je mehr Sie über Ihr Gegenüber erfahren, desto größer wird Ihr Interesse an ihm und Ihre Wertschätzung seiner Person. Dieses Entgegenkommen zahlt sich für Sie aus, da umgekehrt viele Menschen gern mit Ihnen Bekanntschaft schließen werden.

Bei der nächsten Übung geht es darum, herauszufiltern, was Sie interessant finden und was nicht.

BRÜCKE ZUR UMSETZUNG

Machen Sie sich Ihre Interessen bewusst

Schreiben Sie bitte die Dinge auf, die Sie interessieren. Und die Dinge, die Sie „sterbenslangweilig" finden. Sie erhalten dadurch Hinweise darauf, wie Sie einfach mit Menschen in Kontakt kommen.

Ich interessiere mich für:	Mich langweilt:

Diese Übung können Sie auch als Arbeitsblatt von unserer Website mdc24.com herunterladen.

Neugier weckt Interesse: Erweitern Sie Ihren Horizont

Am meisten interessieren uns die Dinge, die wir kennen und von denen wir etwas verstehen. Das genügt uns aber nicht – wir sind neugierig auf mehr. Also lernen wir dazu, wobei sich neue Fragen ergeben, die wir beantwortet haben wollen. Dafür brauchen wir mehr Wissen, was wiederum die Neugier weckt, mehr zu erfahren. Diesen Vorgang können wir als „positive Interessenspirale" bezeichnen, die sich endlos weiterdreht und so unsere Entwicklung vorantreibt.

Zur Veranschaulichung ein Beispiel: Angenommen, Ihre neue Freundin spielt Golf. Folglich beschließen Sie, sich ebenfalls damit zu befassen. Allein schon aus dem Grund, um mit ihr im Gespräch bleiben zu können. Vielleicht lesen Sie zunächst ein Buch übers Golfen oder schauen sich die Übertragung eines Turniers im Fernsehen an. Irgendwann wissen Sie, was ein Birdie ist und was ein Bogey. Jetzt haben Sie richtig „Blut geleckt". Denn plötzlich treffen Sie überall Menschen, die vom Golfspielen begeistert sind. Also fassen Sie den Entschluss, es selbst einmal zu versuchen. Und dann geht alles sehr schnell. Nach intensivem Training bekommen Sie die Platzreife, stehen jeden Sonntagmorgen auf dem Fairway, fachsimpeln mit den neuen Freunden und genießen die Bewegung an der frischen Luft. Dabei eignen Sie sich immer mehr Know-how an, bis Sie schließlich ein echter Golf-Experte geworden sind.

So, wie Sie Interesse am Golfen gefunden haben, können Sie auch Ihr Interesse an den Mitmenschen fördern. Sie müssen nur lernen, die Menschen zu verstehen. Am besten gelingt das im täglichen Leben. Also gehen Sie dorthin, wo Menschen sind und sprechen Sie mit ihnen. Und vor allem – hören Sie ihnen zu. Schweigen Sie und sperren Sie die Ohren auf, wenn Ihnen jemand etwas erzählt. Und zwar so lange, bis Sie wirklich verstanden haben, worum es Ihrem Gegenüber geht.

Denkanstoß:
Ganz Ohr sein für andere: Durch aktives Zuhören sind Sie in der Lage, sich besser in Ihr Gegenüber hineinzuversetzen.

Selbstverständlich ist es zwischendurch erlaubt, Fragen zu stellen, um einen bestimmten Sachverhalt besser zu verstehen. Durch dieses „aktive Zuhören" geben Sie Ihrem Gesprächspartner das Gefühl, ernstgenommen zu werden und lernen eine Menge über die Person selbst dazu. Ein weiterer Vorteil dieser Gesprächsführung ist, dass Monologe vermieden werden. Dass der eine am anderen vorbeiredet und seinen Partner nur als Kulisse für die eigene Selbstdarstellung benutzt. Außerdem lenkt Sie das konzentrierte Zuhören davon ab, an etwas anderes zu denken und innerlich eine Rede in eigener Sache vorzubereiten, die nur darauf wartet, abgespult zu werden. Sie lassen sich dagegen voll und ganz auf den betreffenden Menschen ein.

Nutzen Sie die Gelegenheit, das „aktive Zuhören" auszuprobieren. Am besten eignet sich dazu eine Gesprächssituation, in der Sie sich zunächst aufs Zuhören und Verstehen beschränken. Achten Sie dabei sowohl auf die sachlichen als auch auf die emotionalen Botschaften. Im Anschluss lassen Sie das Ganze noch einmal Revue passieren und stellen sich dabei folgende Fragen:

- Wie war die Gesprächsatmosphäre?
- Was habe ich alles erfahren?
- Wie konnte ich mich zurückhalten?

- Was ist mir leichtgefallen?
- Was möchte ich noch ausprobieren?

Jeder Mensch hat seine guten Seiten – Sie müssen sie nur entdecken

„Alles gut und schön", geben Sie zu bedenken. „Aber was ist mit den Menschen, zu denen ich keinen Zugang finde?" Machen Sie sich bewusst: Es gibt an jedem Menschen etwas, das Sie mögen. Machen Sie sich die Mühe, diese Eigenschaften aufzuspüren.
Das ist nicht immer leicht. Denn wir sind nicht in der Lage, alles gleichzeitig und gleichgewichtig wahrzunehmen, was die Sinne uns an Eindrücken vermitteln. Unser eingebautes Filtersystem selektiert sämtliche eingehende Informationen und grenzt vermeintlich weniger Wichtiges aus.

Denkanstoß:
Jeder Mensch besitzt Eigenschaften, die ihn sympathisch machen – auch wenn uns diese nicht sofort ins Auge fallen. Es lohnt sich aber durchaus herauszufinden, welche es sind.

Ein entscheidender Filter ist der erste Eindruck, der schnell eingeordnet werden muss, damit wir uns orientieren und handlungsfähig bleiben können. Nun gehört es zur menschlichen Natur, danach zu streben, diesen ersten Eindruck bestätigt zu bekommen. Das heißt: Wir suchen nach weiteren Wahrnehmungen, die diese Annahme bekräftigen – alles Widersprüchliche wird herausgefiltert. Das erklärt, weshalb der erste Eindruck einer der ausschlaggebenden Faktoren beim Aufbau von Beziehungen ist.

Denkanstoß:
Der erste Eindruck ist entscheidend. Wie gut, dass er nicht endgültig sein muss.

Tröstlich: Sie können ihn korrigieren, wenn Sie sich darum bemühen. Denken Sie daran, dass andere mit einem Menschen im Gegensatz zu Ihnen ausgezeichnet zurechtkommen, obwohl Ihr Bild von ihm eher negativ ist. Versuchen Sie, die Gründe dafür herauszufinden, um auf diese Weise bisher verborgen gebliebene Vorzüge zu entdecken.

In der Übung können Sie testen, wie weit Sie dazu in der Lage sind.

BRÜCKE ZUR UMSETZUNG

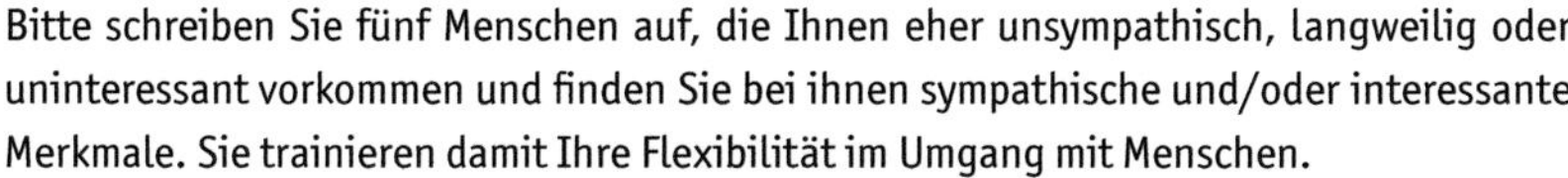

Finden Sie das Positive in anderen Menschen

Bitte schreiben Sie fünf Menschen auf, die Ihnen eher unsympathisch, langweilig oder uninteressant vorkommen und finden Sie bei ihnen sympathische und/oder interessante Merkmale. Sie trainieren damit Ihre Flexibilität im Umgang mit Menschen.

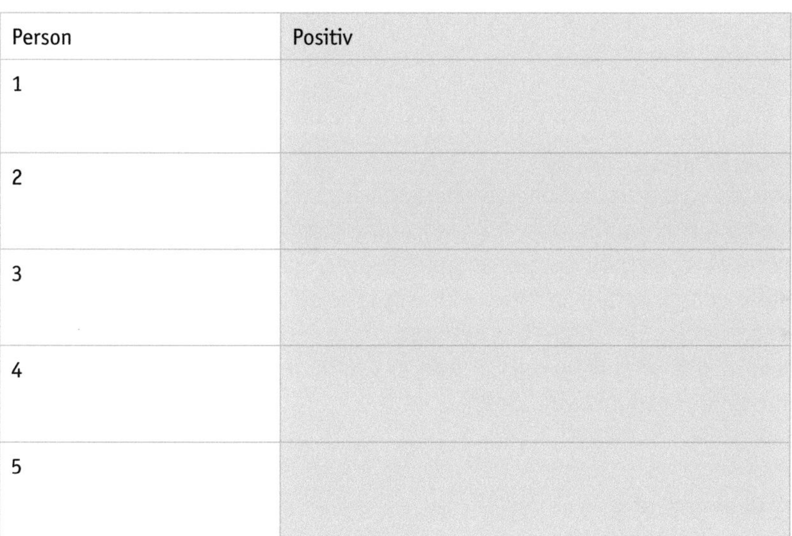

Person	Positiv
1	
2	
3	
4	
5	

Diese Übung können Sie auch als Arbeitsblatt von unserer Website mdc24.com herunterladen.

In diesem Zusammenhang ist noch ein weiterer Aspekt bedenkenswert. Haben Sie sich schon einmal gefragt, was Sie für Ihr Gegenüber tun und wie Sie ihm nützlich sein können? Gehen Sie ruhig in Vorleistung. Ihre Bereitschaft zu geben macht Ihren Gesprächspartner offen und umgänglich. Als Energizer werden Sie von anderen geschätzt und erhalten schnell Feedback. Immer mehr Menschen haben Lust, Zeit mit Ihnen zu verbringen und zahlen Ihnen Ihre Gefälligkeiten mit gleicher Münze zurück.

Sie möchten wissen, wie sich ein Energizer fühlt? Dann stellen Sie sich den Kontakt mit solch einem Menschen einmal bildlich vor. Hören Sie zu, was er sagt. Beobachten Sie, was er tut. Fühlen Sie nach, was die Begegnung mit ihm so angenehm macht. Auf diese Weise gelingt es Ihnen, sich in die Person eines Energizers hineinzuversetzen.

Kein Mauerblümchen-Dasein: Beziehungen wollen gepflegt werden

Der österreichische Psychologe und Kommunikationswissenschaftler Paul Watzlawick hat die These aufgestellt, dass Menschen auf zwei Ebenen gleichzeitig miteinander kommunizieren. Die Sachebene ist die Plattform, auf der Worte und Fakten ausgetauscht werden. Die Beziehungsebene drückt aus, wie zwei Menschen zueinanderstehen und wie die Worte der Sachebene verstanden werden sollen. Solange beide Ebenen parallel laufen und aus Sicht der Beteiligten gleich definiert sind, wird eine Beziehung als angenehm empfunden. Folglich sollten wir sehr genau darauf achten, was wir speziell auf der Beziehungsebene ausdrücken. Denn gerade hier sind die kommunikativen Möglichkeiten wesentlich vielfältiger als auf der Sachebene. Damit wächst aber auch die Gefahr von Missverständnissen.

Denkanstoß:
Die Kommunikation zwischen Menschen läuft zweigleisig auf einer Sach- und einer Beziehungsebene. Hierdurch ergeben sich oftmals Verständigungsschwierigkeiten.

Natürlich können Sie über Ihre Beziehung sprechen; sie in Worte fassen und damit die Beziehungsebene zur Sachebene machen. Allerdings passt das nicht immer. Denken Sie nur an das verliebte Paar, das eng umschlungen am Strand dem Sonnenuntergang zusieht, bis er es nicht mehr aushält und sagt: „Schöner Sonnenuntergang, nicht?“ Die Stimmung ist dahin.

Als Alternative oder Ergänzung steht Ihnen die Körpersprache als Ausdrucksmittel zur Verfügung. Nehmen Sie Blickkontakt auf? Wie lange halten sie ihn? Lächeln Sie oder bleiben Sie ernst? Berühren Sie Ihr Gegenüber oder lassen Sie sich anfassen? Zeigen Sie Ihre Gefühle durch Mimik und Gestik oder ziehen Sie ein „Pokerface“ vor? Oder um bei unserem Liebespaar zu bleiben: Kuscheln Sie sich noch enger aneinander? All dies sendet deutliche Signale, die von Ihrem Gesprächspartner entschlüsselt und interpretiert werden.

Auch mit der Stimme lässt sich eine Menge ausdrücken. Es ist ein großer Unterschied, ob Sie laut und deutlich oder leise und zaghaft argumentieren. Ob Sie knappe, präzise Anweisungen geben oder Ihren Partner zum Dialog einladen. Ob ER den oben beschriebenen Satz mit lauter fester Stimme spricht oder ihr leise ins Ohr flüstert. Und das ist längst noch nicht alles.

Denkanstoß:
Auch kleinste Details sind wichtig, um gute Beziehungen zu knüpfen. Denn sie vermitteln oft zentrale Botschaften.

Eine wichtige Rolle spielen auch die Rahmenbedingungen der Begegnung.
Findet die Unterredung bei Ihnen, bei Ihrem Gesprächspartner oder auf neutralem Boden in einem Restaurant statt? Beanspruchen Sie dominant den meisten Platz am Tisch oder lassen Sie dem anderen den Vortritt? Wer bekommt zuerst Kaffee eingeschenkt? Geben Sie die Themen vor oder hören Sie erst, was der andere zu sagen hat? Diese wenigen Beispiele zeigen, wie viel Spielraum Sie haben, um eine Beziehung durch Kommunikation in eine bestimmte Richtung zu lenken.

Die folgende Übung unterstützt Sie dabei, ein besseres Gefühl für die eigenen Beziehungsbotschaften und die Ihrer Partner zu bekommen.

BRÜCKE ZUR UMSETZUNG

Ausdruck von Beziehungsbotschaften

Bitte schreiben Sie drei Personen aus Ihrem Umfeld auf und beschreiben Sie kurz, wie sie zu Ihnen stehen. Durch welche Signale, sprachlicher oder nicht sprachlicher Art, drücken diese Personen das aus? Was nehmen Sie wahr? Sie erhalten damit Hinweise, welche Ausdrucksmöglichkeiten Sie schon kennen und worauf Sie besonders reagieren.

Person	Wie steht die Person zu Ihnen	Wie drückt sie das aus?
1		
2		
3		

Diese Übung können Sie auch als Arbeitsblatt von unserer Website mdc24.com herunterladen.

Wenn Sie mögen, machen Sie danach noch ein Partnerspiel: Abwechselnd versuchen Sie und Ihr Partner, bestimmte Emotionen oder Beziehungseigenschaften auszudrücken, beispielsweise Ärger, Gleichberechtigung, Vertraulichkeit, Unterordnung, Distanz, Freude usw. Aber Achtung: Sie dürfen dazu keine erklärenden Worte benutzen. Erlaubt ist nur die Körpersprache. Setzen Sie Gesten, Mimik, Ihre Stimme, den ganzen Körper ein, um die Bedeutung zu veranschaulichen. Wenn Sie unbedingt sprechen wollen, reden Sie nur in Zahlen. Aufgabe des Partners ist jeweils, das Dargestellte zu erraten.

Auf spielerische Weise erfahren Sie dabei, wie gut Sie auf der nonverbalen Ebene kommunizieren können.

Wenn es in der Beziehung kriselt: Strategien zur Konfliktbewältigung

Besteht zwischen den beiden Kommunikationsebenen ein Ungleichgewicht, fangen die Schwierigkeiten an. Sie kennen sicher die Besprechungen, in denen sich alles im Kreise dreht und nichts vorankommt. Oder erinnern Sie sich an die verkorkste Urlaubsplanung mit der Familie, wo jeder seinen Kopf durchsetzen wollte. Vielleicht fällt Ihnen auch der Vorfall im Büro ein, als Ihr Chef Ihren wirklich konstruktiven Vorschlag einfach nicht beachtet hat. Diese Ereignisse sind Beispiele dafür, dass häufig auf der Sachebene Themen ausgetragen werden, die eigentlich auf die Beziehungsebene gehören.

Denkanstoß:
Zahlreiche Verständigungsprobleme entstehen dadurch, dass sich die Kommunikationsebenen verschieben. Sach-Inhalte werden auf die emotionale Schiene verlagert, Gefühlsdinge hinter sachlichen Argumenten versteckt.

Wenden wir uns dem Beispiel Urlaubsplanung zu. Dabei geht es vordergründig darum, den geeigneten Ferienort für die Familie zu finden. Darüber wird auf der Sachebene diskutiert. Hintergründig, nämlich auf der Beziehungsebene, liegen die Motive jedoch ganz woanders. Möglicherweise möchten sich Ihre Kinder endlich einmal gegen die Erwachsenen durchsetzen und werden daher jeden Vorschlag von Ihrer Seite ablehnen. Das bedeutet: Auf der Sachebene wird sich schwerlich eine Einigung erzielen lassen.
Hier bieten sich zwei Alternativen, die Situation zu entschärfen. Zum einen können Sie die Beziehungsebene zum Thema der Sachebene machen, indem Sie über Ihre augenblicklichen Gefühle sprechen. „Wir

diskutieren jetzt seit einer Stunde über den Urlaub, und alle meine Vorschläge wurden abgelehnt. Ich fürchte, dass wir uns überhaupt nicht einigen können." Mit dieser Ich-Botschaft bieten Sie Ihren Kindern an, über ihre eigentlichen Absichten zu sprechen. Geht der Nachwuchs darauf ein und äußert sich zum „Einmal-selbst-bestimmen-Wollen", dann haben Sie die Chance, über die tatsächlichen Beweggründe zu reden und einen Konsens zu finden.

Sollten Sie das wirkliche Motiv Ihrer Kinder bereits ahnen, steht Ihnen die zweite Möglichkeit offen: Überlassen Sie Ihren Sprösslingen die Entscheidung für den Urlaub. Damit geben Sie nonverbal zu erkennen: „Ich respektiere euch als gleichberechtigte Partner, die auch bestimmen dürfen."

Zwei Menschen, zwei Meinungen: zählen Siege oder Erfolge?

Was ist mit dem Vorgesetzten, der Ihre tolle Idee sang- und klanglos unter den Tisch fallen ließ? Auch hier ergeben sich zwei Möglichkeiten. Es kann sein, dass er es nicht erträgt, wenn seine Mitarbeiter bessere Ideen haben als er. Es kann aber auch sein, dass Sie Ihren Vorschlag so enthusiastisch vorgetragen haben, dass Ihr Vorgesetzter sich ins Abseits gedrängt fühlte.

Denkanstoß:
Versuchen Sie, sich in Ihre Gesprächspartner hinein zu versetzen. Oft steckt hinter Ablehnung nur Unsicherheit.

Ihre Reaktion: Sie sprechen Ihren Boss auf das Problem an und geben ihm zu verstehen, dass Sie die Gründe seiner Handlungsweise nicht nachvollziehen können. Entweder bleibt er ganz auf der Sachebene und legt Ihnen seine Gründe dar. Oder er klärt die Angelegenheit auf der Beziehungsebene. Etwa so: „Diesen Vorschlag haben Sie an mir vorbei direkt an die Geschäftsführung gerichtet. Wenn wir Ihre Idee realisieren, könnte das Schule machen. Ich will nicht jedes Mal so aussehen, als wüsste ich in meiner Abteilung nicht Bescheid."

Sollten Sie aber den Charakter Ihres Chefs und seine Verhaltensweisen kennen, sind Sie in der Lage, den Konflikt von vornherein zu vermeiden. Beispielsweise folgendermaßen: „Kürzlich haben Sie mich auf eine Idee gebracht, die ich weiter ausgearbeitet habe. Was halten Sie davon?" Mit diesem diplomatischen Vorgehen schmeicheln Sie seinem Ego, halten Ihre Beziehung im Gleichgewicht und erreichen auch noch auf elegante Weise Ihr Ziel.

Erfolgreich verhandeln: Trennen Sie Person und Sache

Begeben wir uns nun auf die Sachebene. Auch hier können Probleme auftreten, die eine Einigung unmöglich erscheinen lassen. Besonders heikel wird die Sache, wenn der Konflikt auf die Beziehungsebene verlagert wird. Dazu neigen leider manche Menschen, die Sachthemen übermäßig große Bedeutung beimessen: „Weil du nicht mit an die See fahren willst, liebst du mich nicht mehr!"

Ziel muss daher sein, beide Ebenen sauber auseinander zu halten. Eine Anleitung liefert das „Harvard Konzept sachgerechten Verhandelns" der Autoren Roger Fisher, William Uhry und Bruce Patton mit dem Rat, Person und Sache zu trennen. Akzeptieren Sie, dass in einer Beziehung immer wieder Meinungsverschiedenheiten auftreten. Das ist nichts Ungewöhnliches. Um diese Konflikte aus dem Weg zu räumen, sollten Sie in der Sache hart bleiben, die beteiligte Person aber weiterhin wertschätzen. Denn unterschiedliche Auffassungen von einer Sache sind der Motor der Weiterentwicklung.

Präzise ausgependelt: Alles im Lot mit der Beziehungswaage

Das alles klingt sehr einfach – ist es aber nicht immer in der Praxis. Stellen Sie sich vor, unsere Beziehungen hätten die Form einer Waage, wie Justitia sie in der Hand hält. Alles, was wir innerhalb der Beziehung unternehmen, hat Auswirkungen auf die Balance der Waage. Stecken wir

Engagement und Energie in die Verbindung, wird sie auf unserer Seite etwas schwerer. Ziehen wir dagegen Nutzen aus der Beziehung, verliert sie auf unserer Seite an Gewicht. Bitten wir unseren Partner gar um einen Gefallen, wird die Waage deutlich leichter. Sobald eine der Schalen den Boden berührt, hat die Waage ihre Funktion verloren – die Beziehung wird beendet.

Leider ist unsere Beziehungswaage relativ selten im Gleichgewicht. Das ist aber nicht dramatisch, denn nicht jeder kleine Konflikt führt gleich zum Bruch des Verhältnisses. Trotzdem müssen wir Acht geben, dass sich die Waagschalen nicht zu einseitig senken oder heben.

Pflegen Sie Ihre Beziehungen – dann können Sie darauf zurückgreifen

Auf den folgenden Seiten möchten wir Ihnen in Anlehnung an Steven Covey sechs Grundsätze vorstellen, die Sie in Ihre Waagschale werfen können, um Ihre Beziehungen tragfähig und belastbar zu machen.

Der Grundsatz der Zuverlässigkeit: Lassen Sie Ihren Partner nicht im Stich

Schönwetter-Beziehungen, die beim kleinsten Schauer auseinanderbrechen, taugen nichts. Zeigen Sie Ihrem Partner, dass Sie auch in schwierigen Situationen zu ihm halten. Wenn Sie ihn gleich beim erstbesten Problemchen fallen lassen, hat das nicht nur für Ihren Partner negative Folgen. Zunächst einmal schadet die Unzuverlässigkeit Ihrem Ruf. Denn es spricht sich herum, dass Sie ein Wackelkandidat sind, wenn's mal drauf ankommt. Außerdem verlernen Sie durch die Flucht vor Konflikten, derartige Herausforderungen zu meistern. Irgendwann sind Sie gar nicht mehr in der Lage, bei Ihrem Partner zu bleiben – selbst, wenn Sie es wollten. Mit einem Wort: Sie werden beziehungsunfähig.

Im Berufsleben finden wir dieses Phänomen bei den Job-Hoppern, die in rascher Folge von einer Arbeitsstelle zur anderen springen. Nur, weil es vielleicht einmal Ärger gegeben hat oder weil die Konditionen am neuen Arbeitsplatz ein wenig besser erscheinen. Wird klar, dass der Wechsel ebenfalls Probleme mit sich bringt, beginnt der Kreislauf aufs Neue.

Wie schaut es mit Ihrer Zuverlässigkeit aus? In der nächsten Übung können Sie es testen.

BRÜCKE ZUR UMSETZUNG

Ziehen Sie einmal Bilanz

Welche Beziehungen haben Sie wegen auftretender Schwierigkeiten aufgegeben? In welchen Beziehungen haben Sie auch größere Schwierigkeiten durchgestanden? Welche Folgen hatte das jeweilige Verhältnis für Sie?

Machen Sie sich bewusst, welche Schwierigkeiten für Sie wesentlich sind.

Diese Übung können Sie auch als Arbeitsblatt von unserer Website mdc24.com herunterladen.

Der Grundsatz der Glaubwürdigkeit: Versprechen müssen gehalten werden

Kaum etwas anderes belastet eine Beziehung so sehr wie ein nicht eingehaltenes Versprechen. Zugegeben, die Verlockungen sind groß, schnell etwas zuzusagen, was wir eigentlich gar nicht einlösen wollen oder können. Beispielsweise, wenn die Kinder quengeln oder die Kollegen nerven. Da versprechen wir leicht, das nächste Wochenende gemeinsam mit der Familie ins Grüne zu fahren oder am nächsten Tag einige Überstunden einzulegen. Nur um Ruhe zu haben. Sobald es aber an die Umsetzung geht, kneifen wir.

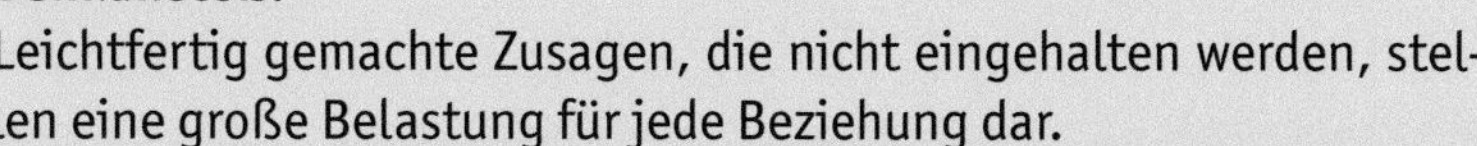

Denkanstoß:
Leichtfertig gemachte Zusagen, die nicht eingehalten werden, stellen eine große Belastung für jede Beziehung dar.

Denken Sie daran: Jedes nicht eingehaltene Versprechen bedeutet ein Ausschlagen der Beziehungswaage zu Ihren Lasten. Gehen Sie deshalb äußerst vorsichtig mit Versprechungen um. Und wenn Sie welche machen, halten Sie diese unbedingt ein. Denn umgekehrt gilt auch: Kaum etwas anderes stärkt eine Beziehung so sehr wie eingehaltene Zusagen.

Der Grundsatz der Kleinigkeiten: Wenn aus Mücken Elefanten werden

Ehen scheitern nicht am Fremdgehen, sondern an falsch ausgedrückten Zahnpastatuben. Arbeitsverhältnisse enden nicht wegen gestohlener Silberlöffel, sondern weil die Chemie nicht mehr stimmt. Das heißt: Es sind sehr oft die kleinen Dinge, die zur inneren Kündigung führen oder unsere Beziehungen scheitern lassen. Täglich haben wir Gelegenheit, unsere Wertschätzung, aber auch unsere Missachtung anderen Menschen gegenüber auszudrücken. Dabei machen wir uns meistens nicht klar, dass Geringfügigkeiten aus unserer Sicht für andere enorm wichtig sind.

Gute Beziehungen leben aber von Kleinigkeiten. Ein freundliches Wort, ein verständnisvoller Blick, eine nette Geste – all das ist nötig wie das Salz in der Suppe. Lernen Sie von anderen, wie diese ihre Beziehungen pflegen. Die nächste Übung hilft Ihnen dabei.

BRÜCKE ZUR UMSETZUNG

Lernen Sie von Ihren Mitmenschen

Beobachten Sie Ihr Umfeld. Achten Sie eine Woche lang darauf, mit welchen Worten, Gesten und Handlungen die Menschen in Ihrer Umgebung ihre Beziehungen pflegen. Schreiben Sie jeden Abend Beispiele in die untenstehende Tabelle. Sie erweitern so Ihr eigenes Repertoire enorm.

Person	Was hat er / sie getan?	Bedeutung
1		

2		
3		
4		
5		

Diese Übung können Sie auch als Arbeitsblatt von unserer Website mdc24.com herunterladen.

Der Grundsatz der Klarheit: Das Problem der verschiedenen Erwartungen

Wir streiten mit unseren Partnern, unseren Vorgesetzen und Mitarbeitern häufig aus einem ganz einfachen Grund: Wir stellen unterschiedliche Erwartungen aneinander. Stellen Sie sich vor, Sie sind oft geschäftlich auf Reisen. Abends im Hotel telefonieren Sie mit Ihrem Partner, um die Erlebnisse des Tages auszutauschen. Bei dieser Gelegenheit erfahren Sie, dass es Probleme mit den Kindern gegeben hat. Sofort machen Sie sich daran, Tipps zur Lösung zu geben. Und wundern sich, wenn Ihr Anruf mit einem handfesten Krach endet.

Nach Hause zurückgekehrt, sprechen Sie sich mit Ihrem Partner aus. Dabei stellt sich heraus, dass Sie beide während des Telefonierens am Vorabend gegenteilige Erwartungshaltungen hatten. Während sich der eine nur ein wenig ausweinen und getröstet werden wollte, meinte der andere, das anstehende Problem umgehend in den Griff bekommen zu müssen. Ist dies einmal geklärt, können Sie künftig offen darüber sprechen, wer von Ihnen jeweils welche Rolle übernehmen soll – Schulter zum Anlehnen oder Kopf, der Probleme löst. Wenn Sie mit Ihrem Vorgesetzten nicht zurechtkommen, kann es ebenfalls an unterschiedlichen Erwartungen liegen. Vielleicht erwartet er von Ihnen mehr Selbstständigkeit oder kreative Vorschläge zur Problemlösung statt nur die pflichtbewusste Erledigung von Routinearbeiten. Fragen Sie ihn einfach, was er von Ihnen erwartet – und handeln Sie danach.

Überprüfen Sie Ihre Beziehungen regelmäßig im Hinblick auf die gegenseitige Erwartungshaltung. Fragen Sie sich, ob Sie wissen, was Ihr Gegenüber von Ihnen erwartet und umgekehrt. Darüber hinaus sollten Sie sich klar darüber werden, wie sich die gegenseitigen Erwartungen in der Praxis auswirken.

Der Grundsatz der Integrität: Die Übereinstimmung von Worten und Taten

In England gibt es ein schönes Sprichwort: „Walk what you talk." Gemeint ist damit, dass man seinen Worten die entsprechenden Taten folgen lassen sollte. Menschen, die das nicht tun, machen uns unsicher. Denn wir wissen niemals, woran wir wirklich bei ihnen sind. Ungewissheit unterwandert jedoch jede Beziehung wie ein schleichendes Gift.

Ein weiterer wichtiger Bestandteil der Integrität ist die Ehrlichkeit. Darunter fällt nicht nur das Postulat, anderen die Wahrheit zu sagen. Der Begriff beinhaltet auch die Forderung, sich nicht selbst zu belügen. Stets das zu sagen und zu tun, was wir denken und wovon wir überzeugt sind. Verhalten wir uns unehrlich, spüren unsere Mitmenschen das sehr schnell. Sie werden zu Recht misstrauisch, was der gemeinsamen Beziehung letztendlich das Aus bringt.

Der Grundsatz der Integrität umfasst außerdem den Begriff der Loyalität. Wer einem anderen in den Rücken fällt und Intrigen spinnt, ist ein mieser Typ. Selbst wenn man sich aus Wut spontan an jemandem rächen möchte, entschuldigt das nicht ein solches Verhalten. Zumal es ganz schnell zu einem Bumerang-Effekt kommen kann: Oder wissen Sie, was in Abwesenheit über Sie geredet wird? Bedenken Sie auch, dass Sie unter Umständen nur Mittel zum Zweck sind, um anderen Informationen zu liefern. Und glauben Sie nicht, dass man Ihnen für Ihre Indiskretion später danken wird.

Lassen Sie sich also gar nicht erst auf derartige Versuchungen ein. Bleiben Sie loyal, sowohl im Privatleben als auch im geschäftlichen Bereich. Wenn Ihre Toleranzgrenze überschritten werden sollte, haben Sie immer noch die Möglichkeit, die Beziehung zu lösen. Schließlich sind Sie nur sich selbst gegenüber verantwortlich für Ihr Tun.

An dieser Stelle sollten Sie einmal innehalten und selbstkritisch Ihre eigene Integrität unter die Lupe nehmen. Stimmen Ihre Worte und Taten stets überein? In welchen Fällen driften sie besonders häufig auseinander? Wie fühlen Sie sich dabei? Waren Sie schon einmal einem anderen gegenüber illoyal? Wie haben derjenige und andere darauf reagiert? Schließlich ist es auch interessant zu erfahren, wie Sie selbst auf das illoyale Verhalten anderer reagieren. Aus diesen Erkenntnissen, die Ihnen bei der inneren Reflexion bewusstwerden, können Sie viel über sich selber lernen. Und gegebenenfalls Ihr Verhalten ändern.

Der Grundsatz von Dank und Entschuldigung: Das kostet Sie nur ein Lächeln

Machen wir uns nicht besser, als wir sind: Jeder wird irgendwann einmal in die Situation kommen, gegen den einen oder anderen der hier aufgeführten Grundsätze zu verstoßen. Mit der Folge, dass sich die Waagschalen verschieben. In diesem Fall sollten Sie sich immer an die Regel von Dank und Entschuldigung erinnern. Bedanken Sie sich, wenn Ihnen jemand etwas Gutes getan hat. Ganz gleich, ob es sich dabei um Kleinigkeiten oder einen großen Gefallen handelt. Und bitten Sie um Verzeihung, wenn die Waage durch Ihre Schuld aus dem Gleichgewicht gerät. Und meinen Sie es ehrlich; nur so dahingesagt bewirkt ein Dankeschön oder eine Entschuldigung eher das Gegenteil. Denn Ihr Gegenüber spürt Ihre Unehrlichkeit und ist enttäuscht.

Denkanstoß:
Bringen Sie Ihren Mitmenschen Respekt entgegen. Dank und Entschuldigung sind dafür wichtige Elemente.

Aktiv aufeinander zugehen – Bahn frei für die Kontaktaufnahme

Wenn es Ihnen schlecht geht und Sie in der Not einen guten Freund brauchen, ist es meist zu spät, um eine hilfreiche Beziehung aufzubauen. Deshalb warten Sie nicht, bis es brennt. Schauen Sie sich beizeiten nach interessanten, wichtigen Menschen um, mit denen Sie in Kontakt treten möchten. Werden Sie aktiv. Das hat den Vorteil, dass Sie Ihr Vorhaben locker und entspannt in die Tat umsetzen können. Denn in schlechten Zeiten fällt es erfahrungsgemäß schwer, andere für die eigenen Probleme zu interessieren.

Wie stellen Sie es nun am besten an, entsprechende Leute kennenzulernen? Der einfachste Weg ist, auf andere Menschen zuzugehen. Beispielsweise am Arbeitsplatz, auf Kongressen, in Klubs, auf Seminaren oder kulturellen Veranstaltungen – die Gelegenheiten, Kontakte zu knüpfen, sind schier unerschöpflich. Nehmen Sie sich fest vor, jedes Mal mit mindestens zwei Personen ins Gespräch zu kommen. Und – handeln Sie danach.

Dies eröffnet Ihnen zudem die Möglichkeit, ein kleines Experiment zu starten.
Schließen Sie über einen bestimmten Zeitraum – beispielsweise drei Wochen lang – täglich Bekanntschaft mit zwei neuen Menschen. Abends machen Sie sich den Verlauf dieses Kennenlernens jeweils noch einmal bewusst. Wie sind Sie dabei vorgegangen? Ist es auf Anhieb gut gelaufen, oder wollen Sie das nächste Mal eine andere Taktik versuchen? Was hat die neue Bekanntschaft Ihnen gebracht? Haben Sie interessante Dinge über die betreffenden Menschen erfahren? Oder war es nur ein belangloses Geplauder ohne tieferen Sinn? Wenn Sie diese Begegnungen noch einmal für sich durchspielen, sind Sie in der Lage, Ihre eigene

Vorgehensweise anhand der gemachten Erfahrung zu korrigieren und zu optimieren.

Sie können es natürlich auch auf die passive Art versuchen. Dazu müssen Sie sich überlegen, was andere bewegen könnte, Bekanntschaft mit Ihnen zu schließen. Machen Sie sich objektiv Ihre Stärken klar. Sind Sie besonders attraktiv oder intelligent? Sind Sie Experte auf einem bestimmten Gebiet? Bieten Sie gute Geschäftskontakte oder kann man mit Ihnen einfach nur angenehm über alles Mögliche plaudern? Fragen Sie dazu auch gute Freunde oder Bekannte, was diese interessant an Ihnen finden und warum sie gerne ihre Zeit mit Ihnen verbringen. Was es auch sei: Bauen Sie diese Stärken aus und zeigen Sie Ihren Mitmenschen, was für Vorzüge Sie haben. Nicht, indem Sie darüber reden, sondern, indem Sie Ihre Stärken leben.

Denkanstoß:
Setzen Sie gezielt Ihre Stärken ein, um mit Menschen in Kontakt zu kommen. Denn besondere Fähigkeiten machen besonders interessant.

Darüber hinaus empfehlen wir Ihnen, sich gezielt weiterzubilden. Entwickeln Sie Ihre eigenen Interessen und werden Sie zum Fachmann auf Ihrem speziellen Gebiet. Pflegen Sie Ihren USP, damit Sie ein unverwechselbares Profil gewinnen.

Jetzt sind Sie bestens vorbereitet, um ganz gelassen die Welt auf sich zukommen zu lassen. Als Energizer werden Sie herzlich empfangen werden.

Fazit:

- Stehen Sie zu sich selbst.
- Kennen Sie Ihre Stärken und versöhnen Sie sich mit Ihren Schwächen.

- Achten Sie Ihre Mitmenschen um ihrer selbst willen.
- Bereichern Sie Ihre Beziehungen durch Zuverlässigkeit und Loyalität.
- Halten Sie sich an das Prinzip von Geben und Nehmen.
- Erweitern Sie Ihren Horizont um neue Interessengebiete.
- Gehen Sie aktiv auf andere zu – und erhöhen Sie so die Chance, erfüllende Beziehungen aufzubauen.

REFLEXION: Jetzt sind Sie dran: Denken Sie weiter

Ohne die anderen geht es nicht – und ohne Sie auch nicht. Sind Sie mit sich selbst befreundet?

Haben Sie gelernt, sich so anzunehmen, dass Sie ein Liebes-Verhältnis mit sich pflegen? Nur wenn Sie sich für liebens-wert halten, werden andere sie würdigen können und ebenso liebevoll annehmen können.

Haben Sie bisher ausreichend Beziehungspflege betrieben? Wo hapert es noch? Welche Menschen verdienen mehr Aufmerksamkeit?

Pflegen Sie Beziehungen nach dem „Nutzwert" von Menschen für Sie? Das sind keine echten Beziehungen, die von der Mitte des einen Menschen zur Mitte des anderen reichen. „Nutzwert"-Beziehungen sind Warenbeziehungen und tragen nicht lange. Hinterfragen Sie Ihre Beziehungen und versuchen Sie, diesen Menschen echte Wertschätzung und echte Freundschaft entgegenzubringen – denn das hat jeder verdient. Sie schließlich auch.

Lassen Sie sich von anderen beflügeln. Wer sind die Energie-Vampire, wer die Energiespender in Ihrem Umfeld? Wie können Sie selbst zum Energiespender werden? Welche inneren Ressourcen können Sie dafür nutzen, ohne Kraft zu verlieren. (Er-)Leben Sie genug Freude, um Energie geben zu können?

Schaffen Sie sich ein gesundes, ausgeglichenes Arbeits- und privates Umfeld.

Und gehen Sie auf andere zu!

Speiche 5: Veränderung & Chancen

In diesem Kapitel geht es um die fünfte Speiche „Veränderung & Chancen“. Sie lernen, wie Sie Ihre Erkenntnisse aus den letzten Kapiteln erfolgreich umsetzen können, indem Sie notwendige Veränderungen aktiv steuern.

Schauen wir zu Beginn noch einmal zurück:

- Sie kennen Ihre Visionen – für Ihr Geschäft und Ihr Privatleben.
- Sie kennen Ihre Ziele und wissen, wie wichtig Ihnen materielle Werte sind.
- Sie haben gelernt, mehr auf Ihren Körper zu achten und offen auf Menschen zuzugehen.
- Sie wissen, wie Sie sich so organisieren, dass Ihr Leben auch dann im Gleichgewicht bleibt, wenn Sie viel Energie auf Ihr berufliches Weiterkommen verwenden.

Was Ihnen jetzt – vielleicht – noch fehlt, ist die richtige Einstellung, um all dieses umsetzen zu können. Die Entscheidung zur Veränderung.

Denkanstoß:
Die Veränderung der menschlichen Leistungsfähigkeit gelingt nur über die Einstellung. Einstellung ist der Hebel zur Veränderung.

Kein Erfolg ohne Anstrengung

Ganz gleich, welche Ziele Sie sich gesetzt haben: Es liegt an Ihnen, sie zu erreichen. Sie können gesund, ausgeglichen und erfolgreich sein. Sie können Ihr Vermögen steigern, sich den Ferrari kaufen oder die Weltreise machen. Aber: All das wird Ihnen nicht geschenkt. Sie werden dafür hart arbeiten müssen. Deshalb ist es wichtig, dass Sie sich ganz bewusst dafür entscheiden, Ihr Leben so zu ändern, dass Sie dieses Ziel erreichen. Und dies in allen Lebensbereichen. Weil Sie beispielsweise viel Energie brauchen, um Ihr Vermögen zu vermehren – wenn Sie aber Ihren Körper, Ihre Gesundheit vernachlässigen, haben Sie nicht genügend Power. Weil Sie das Verständnis und die Unterstützung Ihrer Familie und Freunde brauchen, wenn Ihr Lebensrad eine Weile eine Unwucht hat – diese aber nur dann bekommen, wenn Sie ehrlich sind und offen kommunizieren.

Deshalb ist es an dieser Stelle wichtig, sich noch einmal die Nabe Ihres Lebensrads genauer anzuschauen. Möglicherweise erkennen Sie nun, dass Ihre Versuche, das eigene Handeln zu ändern, leider noch gar nicht so weit fortgeschritten sind, wie Sie sich das erhofft haben. Machen Sie sich nichts daraus – so wie Ihnen geht es vielen Menschen. Wichtig ist, dass Sie nicht aufgeben. Führen Sie sich stattdessen immer wieder vor Augen, dass Sie es in der Hand haben, Ihr Leben zu ändern. Nicht von heute auf morgen – das klappt nie. Denn um unser Handeln, unsere Gewohnheiten zu ändern, brauchen wir die richtige Einstellung.

Erlernte und angeborene Fähigkeiten verändern und verbessern

Betrachten wir dies genauer: Unser Handeln setzt sich aus angeborenen Eigenschaften, unseren natürlichen Talenten und Fähigkeiten sowie aus unseren erworbenen Eigenschaften zusammen. Zu den letzteren zählen die Eigenschaften und Fertigkeiten, die wir im Laufe der Jahre durch die Erziehung und unser soziales Umfeld erlernen – beispielsweise Pünktlichkeit, Zuverlässigkeit und Höflichkeit. Diese Fähigkeiten können wir

trainieren und verändern. Zusammen mit unserer Einstellung sind die angeborenen und die erworbenen Eigenschaften die Basis für unsere Leistungsfähigkeit.
Wollen wir unsere Leistungsfähigkeit in einem bestimmten Bereich verbessern, reicht es jedoch nicht aus, davon zu träumen. Wir müssen handeln und unser Verhalten, unsere Gewohnheiten gezielt ändern. Dies gelingt uns nur mit der richtigen Einstellung. Sie ist der Hebel zur Veränderung – und damit der Hebel zur Erreichung unserer Ziele.

Dafür ist es wichtig zu erkennen, welche Einstellung Sie haben. Nur so werden Sie erfahren, welche Lebens- und welche Geschäftsvision Sie wirklich verfolgen – abseits der materiellen Ziele und Äußerlichkeiten wie Geld, ein großes Haus, eine Yacht oder ein teures Auto. Über all das freuen wir uns, sind wir vielleicht sogar eine Weile glücklich. Aber dauerhaft befriedigen können sie uns nicht. Denn geordnete Finanzen sind nur *eine* Speiche unseres Lebensrads. Geld ist wichtig in unserer Welt, ohne Geld können wir heute nicht leben. Aber es ist keine hinreichende Bedingung für dauerhafte Zufriedenheit. Dazu brauchen Sie eine Vision, die Ihrem Leben Motivationen und Ziele liefert. Sie ist der Motor Ihres Handelns und bringt Sie dazu, aktiv zu werden. Aus Ihrem Alltag etwas Sinnvolles zu machen, anstatt müßig in den eingefahrenen Bahnen in den Tag hinein zu leben.

Denkanstoß:
Nur wenn wir unsere Einstellungen kennen, können wir sie ändern. Hinterfragen Sie Ihre Meinungen und Ihre Denkweisen deshalb regelmäßig.

Eine wichtige Voraussetzung dafür ist Ordnung – innen wie außen. Denn um uns zu verändern, müssen wir strategisch vorgehen und gezielt die Weichen stellen, Entscheidungen treffen und sie umsetzen. Deshalb schauen wir einmal genauer hin: Halten Sie in den einzelnen Lebensbereichen Ordnung? Wo hapert es? Und was bedeutet dies für Ihre Entscheidungen?

BRÜCKE ZUR UMSETZUNG

Analyse zur Ordnung – innen wie Außen

Beantworten Sie bitte stichwortartig die folgenden Fragen. Ihre Antworten werden wichtige Erkenntnisse liefern, in welchen Lebensbereichen Sie dringend „aufräumen" sollten.

Wie zufrieden sind Sie mit Ihrem Ordnungssinn?

....

Was tue ich dafür?

....

Wo gibt es Orte in meinem Leben, die ich meide, weil mich die Unordnung nervt?

....

Was tue ich dafür?

....

Welche Entscheidungen, schiebe ich schon lange vor mir her?

....

Was tue ich dafür?

....

Diese Übung können Sie auch als Arbeitsblatt von unserer Website mdc24.com herunterladen.

Klare Regeln für Ihren Erfolg

Anhand der Antworten können Sie nun erkennen, in welchen Lebensbereichen Sie unzufrieden sind. Hier haben Sie Ihr eigentliches Ziel noch nicht erreicht – vielleicht haben Sie es sogar noch nicht einmal treffend formuliert.

Wenn Sie dies feststellen sollten, gehen Sie noch einmal in sich. Prüfen Sie Ihre Visionen aus dem Kapitel „Speiche 1: Sinn & Sein" ebenso wie

Ihre Ziele, die Sie im Kapitel „Speiche 2: Eigenmanagement & Organisation" konkret und praxisnah formuliert haben. Stellen Sie sich die Frage: Was will ich wirklich? Vergessen Sie dabei, was andere von Ihnen erwarten. Oder was Sie glauben, was Sie in Ihrem Beruf, Ihrem Leben erreichen sollten. Hier geht es nicht um gesellschaftlich anerkannte Lebensläufe, sondern um Ihr ganz persönliches Ziel. Um Ihre Vision.

Erst, wenn Sie die Frage „Was will ich wirklich?" beantwortet haben, gelingt es Ihnen, Ihre Ziele zu erreichen – auch wenn Sie Widerstände von außen oder eigene Bedenken überwinden müssen. Dabei helfen Ihnen die folgenden Regeln:

DIE 8 ERFOLGSREGELN

Erfolgsregel 1

Übernehmen Sie die Verantwortung für Ihre Entscheidungen – wirklich.

Erfolgsregel 2

Formulieren Sie Ihre Ziele und Visionen lebhaft, praxisnah und anhand der SMART-Formel – sonst bleiben sie Wünsche.
SMART steht für s = spezifisch, m = messbar, a = attraktiv, r = realistisch/anspruchsvoll, t = terminiert.

Erfolgsregel 3

Setzen Sie Prioritäten.

Erfolgsregel 4

Achten Sie darauf, dass Sie sich Kondition und Ausdauer verschaffen, nicht nur einmal...

Erfolgsregel 5

Unterschätzen Sie nicht die Macht des (All)Tags.

Erfolgsregel 6

Regeln Sie Ihr Umfeld klar und begeistern Sie alle für Ihre Idee.

Erfolgsregel 7

Glauben Sie an sich – Glaube versetzt Berge.

Erfolgsregel 8

Arbeiten Sie einen genauen Plan aus. Entwickeln Sie eine klare Vorstellung über Ihre nächsten Schritte.

Die Regeln klingen zunächst einleuchtend. Sie werden aber schon bald merken, dass vieles gar nicht so leicht umzusetzen ist: weil Sie beispielsweise die Messlatte für sich zu hoch setzen oder die Erwartungshaltung, die Sie an sich selber stellen, viel zu niedrig ist.

Bevor Sie deshalb an die konsequente Einhaltung der acht Regeln gehen können, gilt es, Ihre Erwartungshaltung an sich selber genauer zu betrachten. Von ihr wird es abhängen, ob Sie Ihre Einstellung und damit Ihr Verhalten ändern können. Unterschieden wird dabei zwischen einer *positiven* eigenen Erwartungshaltung, der *neutralen* eigenen Erwartungshaltung und der *negativen* eigenen Erwartungshaltung.

Fangen wir mit der *neutralen* Erwartungshaltung an. Vertreter, die diesen Weg wählen, geben sich mit dem Erreichten zufrieden. Sie wissen, dass sie mehr schaffen könnten – aber wofür? Schließlich kann man ja auch die Dinge genießen, die man bereits erreicht hat.
Negative Erwartungshaltungen an sich selbst sind von Sorgen und Ängsten bestimmt. Dies kann in negativen Erfahrungen in der Vergangenheit

oder gelernten Eigenschaften begründet liegen. So oder so: Sie müssen sich damit nicht zufriedengeben. Auch hier gilt: Wer den Mut hat, sich bewusst für eine Veränderung zu entscheiden, kann seinem Leben eine neue Richtung geben. Dazu sollten Sie eine positive Erwartungshaltung entwickeln.
Doch zunächst müssen Sie gezielt Ihr Inneres erkunden:

1. Beobachten Sie sich: Welche Sorgen und Ängste verhindern eine positive Erwartungshaltung? Wann traten diese Ängste und Sorgen zum ersten Mal auf? Wann begegnen sie Ihnen im Alltag?
2. Welche Fähigkeiten, welche Erfolge widersprechen Ihren Ängsten und Sorgen? Welche positiven Erfahrungen haben Sie gemacht?
3. Was haben Sie aus diesen Erfahrungen gelernt? Wie können Sie – darauf aufbauend – Ihre negative Erwartungshaltung positiv umformulieren?

Denkanstoß:
Ich kann in meinem Leben nicht mehr erreichen, als meine eigene Erwartungshaltung an mich ist.

Nun heißt es, an sich arbeiten. Die Erwartungshaltung an sich selbst zu ändern. Auch dies geht nur über die bewusste Entscheidung zu handeln. Und dies in mehrfacher Hinsicht. Denn der Prozess der Veränderung erfordert zunächst die Einsicht, dass sich die eigenen Gedanken ändern müssen. Sie bestimmen unsere Einstellungen, unser Handeln. Doch wie funktioniert das?

Zunächst einmal sollten Sie sich darüber bewusst sein, dass es nicht die Aufgaben sind, die Sie ausbremsen. Ganz gleich, ob Sie sich vorgenommen haben, jede Woche einen großen Abschluss zu machen oder täglich fünf kleine Aufgaben. Ob wir sie positiv oder negativ wahrnehmen, liegt allein an der Meinung, der Einstellung die wir zu ihnen – und zu uns – haben. Wenn es Ihnen gelingt, diese Einstellung positiv zu gestalten, haben Sie bereits einen großen Schritt geschafft!

Denken Sie positiver über Ihr Leben, wird es Ihnen leichter fallen, Ihre Ziele ehrgeiziger zu formulieren, Ihre Pläne und die Wege zur Erreichung der Ziele neu zu gestalten. Sie werden mutiger, zielgerichteter und ehrgeiziger vorgehen. Dies wird sich auf Ihr Handeln auswirken – beruflich und privat. Und die Erfolge, die Sie dabei erreichen, wirken sich positiv auf Ihre Stimmung aus.

Fazit:

1. Ändern Sie Ihre Gedanken. Sie bestimmen Ihre Einstellungen.
2. Machen Sie sich bewusst, dass nicht die Aufgaben, sondern die Einstellungen zu den Aufgaben Ihren Erfolg bestimmen.
3. Passen sie Ihren Plan, Ihren Weg und Ihr Ziel den neuen Einstellungen an.
4. Handeln Sie danach! Werden Sie mutiger, ausdauernder, ehrgeiziger.
5. Beobachten Sie Ihre Stimmung: Sie wird mit jeder zurück gelassener Sorge über möglichen Misserfolg, bei jedem Erfolg positiver.

REFLEXION: Jetzt sind Sie dran: Entscheiden Sie sich für Ihren Erfolg!

Erfolg stellt sich nicht von alleine ein. Nur die bewusste Entscheidung, für die eigenen Ziele und ihre Erreichung zu kämpfen, bringt Sie weiter.

Um Ihre Pläne tatsächlich erfolgreich zu realisieren, sollten Sie zwei weiteren Aspekten besondere Aufmerksamkeit widmen: Ausdauer und Konstanz.

Setzen Sie sich bei der Verfolgung Ihrer verschiedenen Ziele jeweils einen Zeitrahmen, in dem Sie das betreffende Vorhaben umsetzen wollen. So fällt es leichter, beharrlich bei der Sache zu bleiben. Und: Überprüfen Sie kontinuierlich Effektivität und Effizienz Ihrer

Aktivitäten. Denn es reicht nicht aus, die Dinge richtig zu tun. Sie müssen auch die richtigen Dinge tun.

Dazu sollten Sie sich immer wieder fragen: Was will ich wirklich? Nur dann werden Sie es schaffen, Einstellungen und Handlungen in Einklang zu bringen.

Nabe:
Unsere Motivation – was treibt uns an?

In diesem Kapitel geben Sie Ihrem Lebensrad den letzten Schliff: Sie verpassen ihm den Antrieb.
Dazu lenken Sie Ihren Blick auf die Nabe des Rades, auf Ihre Ziele und Ihre Motivation. Sie werden mit Ihren neuen Erkenntnissen über sich selbst auch andere mitreißen können. Sie werden nie aufhören, neue Wege zu finden und sie zu gehen.

Bis hierher haben Sie die Speichen Ihres Lebensrades gründlich inspiziert und gestärkt. Es kann wieder runder laufen. Was aber gibt Ihrem Lebensrad den Impuls und die Richtung? Irgendwie müssen Sie die Kraft auf das Rad übertragen. Stellen Sie sich ein Fahrrad vor: Sie treten kräftig in die Pedale, und Ihre Kraft überträgt sich durch die Kette auf die Radnabe. Hier kommen Kraft und Energie an und geben dem ganzen Rad Schwung. Hier steckt also das, was die Bewegung auslöst: Ihre Motivation. „Motivare“ kommt aus dem Lateinischen und heißt „in Bewegung setzen“. Motive sind demnach Beweg-Gründe, die Sie nach vorne bringen.

Diese Motive – weil das so nach Krimi klingt, nutzen wir hier lieber das verwandte Wort Motivatoren – sind die Begeisterungsknöpfe, die Sie

drücken können, wenn Sie richtig Kraft brauchen. Und warum geht das? Weil diese Motivatoren auf Ihren innersten Werten beruhen. Den einen motiviert Geld, den anderen Freizeit, den dritten die Ehre, den vierten die Anerkennung durch andere, den fünften Spaß, den sechsten Freiheit und Unabhängigkeit – egal, was es ist: Jeder dieser Motivatoren beruht auf den Werten, die diesem Menschen im Innersten am allerwichtigsten sind. Und deswegen bewegen sie den Menschen auch, sie zu erlangen. Motivatoren hängen eng mit den Zielen zusammen.
Wenn Sie sich Ziele setzen, die wirklich Ihrem inneren Bestreben entsprechen, haben Sie auch die Motivation, die Energie und die Begeisterung, diese Ziele zu erreichen. Weil sie authentisch zu Ihrem Wollen und Begehren sind.

Erinnern Sie sich noch an den Wiener Psychiater Viktor E. Frankl? Er sah es so: Wenn Sie einen Grund zum Handeln haben und dieses Handeln den gewünschten Erfolg gebracht hat, dann ist es nicht wirklich der Erfolg, der Sie glücklich macht. Vielmehr beruht Ihr Glücksgefühl auf dem Grund. Glück würden Sie nicht über Dinge empfinden, die Ihnen nicht so wichtig sind. Denen Sie keinen Sinn beimessen, die für Sie keinen Wert verkörpern.

Sie haben eine Menge Vorarbeit geleistet und sich aktiv in dieses Buch eingebracht. Sie haben Ihre bis dahin unausgeschöpfte Kraft und Energie mobilisiert und sind effizienter, kreativer und selbstbewusster geworden. Mit großem Engagement haben Sie die Weichen für die Zukunft neu gestellt. Sie haben Ihr Denken und Handeln optimiert. Damit haben Sie sich in die Lage versetzt, Ihre eigene Balance zu finden und in Harmonie mit sich selbst und den anderen Menschen zu leben. Kurzum: Ihr Leben zu meistern.

Ausschlaggebend dafür die ist die Bereitschaft, eingefahrene Gleise zu verlassen. Sie trennen sich bewusst von Einstellungen, die bisher alle wichtigen Lebensbereiche gebremst haben. An die Stelle von starren Prinzipien treten flexible Verhaltensweisen, gesteuert von Ihren persönlichen Visionen und Zielen. Der Sinn, den Sie Ihrem Leben geben, ist Ihnen wieder bewusster geworden.

18 Motive bestimmen unser Handeln

Wenn Sie nun wissen wollen, welche Motive Sie antreiben, können Sie verschiedene wissenschaftlich erprobte Modelle nutzen. Mit Hilfe der MotivStrukturAnalyse erfahren Sie, was Sie im Innersten antreibt, wie Ihre 18 Motive strukturiert sind. Sie finden heraus, ob Sie schon jetzt am richtigen Platz im Leben stehen oder in welchem Bereich Sie mehr Erfolg haben könnten: Sie entdecken, was zu Ihnen passt. Und natürlich hilft die MotivStrukturAnalyse (MSA©) Ihnen im Berufsleben, die Motive Ihrer Mitarbeiter zu erkennen und zu verstehen und ihnen damit entgegenkommen zu können.

Denkanstoß:
Sie wollen mehr zur MotivStrukturAnalyse (MSA©) erfahren? Dann rufen Sie mich einfach unverbindlich an - ich beantworte alle Ihre Fragen und baue Ihre Brücke zu diesem großartigen und aussagekräftigen Tool: +49 173 5103780. Mail: info@mdc24.com – setzen Sie in den Betreff einfach das Stichwort MSA

In den voran gegangenen Kapiteln und den Praxis-Übungen haben Sie sich mit den entscheidenden Fragen Ihres Daseins auseinandergesetzt: Warum gibt es mich? Was will ich erreichen? Was macht mich einzigartig? Wie will ich mit anderen umgehen und zusammenarbeiten? Die Antworten liegen bereits in Ihnen. Je mehr Sie sich mit sich selbst befassen, desto eher werden diese neuen, erstaunlichen Erkenntnisse über das eigene Ich an die Oberfläche Ihres Bewusstseins gelangen. Sie werden spüren, wie Sie sich zum Positiven verändern. Wie Sie zu einer neuen Einschätzung Ihrer Verhaltensweisen gelangen. Wie Sie sich und Ihre Schwächen akzeptieren. Wie Sie Kräfte freisetzen, um genau das zu tun, was Sie immer schon tun wollten. Und wie Sie Verantwortung für Ihr Handeln übernehmen – einschließlich aller Konsequenzen, die sich daraus ergeben. Denn Er-Folg ist die Folge Ihres Handelns – der Erfolg folgt dem, der sich selbst folgt! Und das Handeln ist die Folge Ihres Willens. Des Willens, der sich auf Basis Ihrer Motivatoren auf ein Ziel ausrichtet.

Auswirkungen auf die Umwelt: Sie übernehmen die Führung

Von Ihren sinnstiftenden Visionen, Grundüberzeugungen und Wertvorstellungen profitieren nicht nur Sie, sondern auch Ihre Mitmenschen. Wer klare, überzeugende und positive Visionen hat und sie mit dem Feuer der Begeisterung lebt, wird fast immer die Erfahrung machen, dass andere Menschen sich ihm anschließen, dass auch sie sich davon angezogen und überzeugt fühlen. Sind Sie ein Visionär, erzeugen Sie damit eine besondere, geradezu „magische" Anziehungskraft, mit der Sie auf andere einwirken. Sie erscheinen als eine Art Leitfigur. Sie wirken als Motor, setzen bei sich und Ihren Mitmenschen Energien frei und können Entscheidungen so lenken, dass diese mit Ihren Absichten übereinstimmen. Auf diese Weise geben Sie Ihrem Umfeld eine Zielvorgabe, die, im besten Sinne verstanden und allen Beteiligten Nutzen bringt.

Ihr Partner, Ihre Familie und Ihre Freunde werden sich bereitwillig an Ihnen orientieren, weil sie fühlen: Hier ist ein Mensch, mit dem man gehen kann, weil er zu seinen Überzeugungen steht und damit verlässlich und erfolgreich ist.
Das ist nicht verwunderlich! Denn Sie haben sich entschieden, ein Gewinner zu sein. Sie sagen: „Es ist schwierig, aber möglich." Im Gegensatz zum Verlierer, der von vorneherein einschränkt: „Es ist möglich, aber schwierig." Damit geht er, ohne überhaupt angefangen zu haben, von der Wahrscheinlichkeit des Scheiterns aus. Statt die Initiative zu ergreifen, zögert er. Was würde passieren, wenn ...? Seine Gedanken werden vom Konjunktiv beherrscht. Als Gewinner-Typ setzen Sie dagegen auf die optimistische Haltung, die Aufgabe zu bewältigen – selbst wenn es nicht einfach ist. Gewinner schalten das Scheitern gedanklich aus.
Was im privaten Leben eine unwiderstehliche Anziehungskraft auf andere Menschen ausübt, funktioniert genau so im Berufsleben. Ihre Kollegen, Ihre Mitarbeiter – auch Ihre Vorgesetzten – sind ja nun einfach Menschen. Und diese können Sie durch Ihr strategisches, visionäres Führungsverhalten immer wieder neu anregen. Sie geben Ihnen Impulse, Anreize, Lust an der Arbeit. Ja, das gilt „sogar", wenn Sie „nur" Mitarbeiter sind: Ihre visionäre Selbst-Führung, Ihre Motivation, Ihre Impulskraft springt auch „nach oben" über! Glauben Sie nicht, dass der

oder dem Vorgesetzten verborgen bleibt, welches Energiekraftwerk, welche Zentrale der positiven Laune und der Kraft sich in Ihnen verbirgt.

Aber verwechseln Sie in der Verfolgung eigener Ziele nicht Motivierung und Motivation: Motivierung kommt von außen: Jemand verspricht Ihnen eine Belohnung oder lobt Sie für eine Leistung. Das kann Ihnen aber immer nur kurzfristig einen Impuls für Aktivität geben. Ihre eigenen langfristigen Ziele erreichen Sie nur durch Motivation. Das ist Ihr innerer Antrieb, Ihr eigenes Wollen.

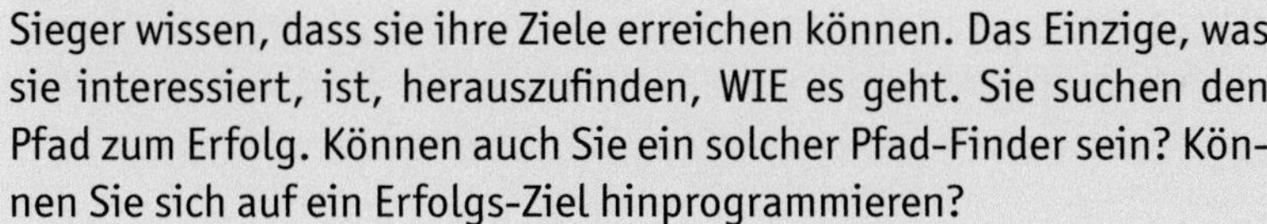

Denkanstoß:
Sieger wissen, dass sie ihre Ziele erreichen können. Das Einzige, was sie interessiert, ist, herauszufinden, WIE es geht. Sie suchen den Pfad zum Erfolg. Können auch Sie ein solcher Pfad-Finder sein? Können Sie sich auf ein Erfolgs-Ziel hinprogrammieren?

Eine unendliche Geschichte: Ihre Mission hört niemals auf

„Das nächste Ziel mit Lust und Freude und aller Kraft zu verfolgen, ist der einzige Weg, das Fernste zu erreichen", erkannte schon Friedrich Hebbel. Der Extrembergsteiger Thomas Bubendorfer meint das Gleiche, wenn er sagt: „Das erreichte Ziel wird zum Ausgangspunkt." Oder Sepp Herberger, als er zu der vielzitierten Erkenntnis gelangte: „Das nächste Spiel ist immer das schwerste." Praktisch heißt das nichts anderes, als dass Sie mit Ihrer Lebensaufgabe niemals fertig werden. Und ist das nicht auch gut so? Wäre es nicht schrecklich langweilig, der Routine zu erliegen und keine Ziele mehr zu haben?

Also: Werden Sie nicht müde, Pläne zu schmieden und etwas Neues für die nähere oder weitere Zukunft ins Auge zu fassen. Es gibt noch viele Visionen, die Sie versteckt in Ihrem Unterbewusstsein gespeichert haben. Diese Vorstellungen streben nach Verwirklichung. Es müssen nicht immer großartige Projekte sein. Oft beinhaltet eine Vision lediglich den Wunsch, auf die eine oder andere Weise Spaß zu haben. Ein legitimer Wunsch, der es verdient, erfüllt zu werden. Spaß ist ein Faktor, der als Instrument zur Meisterung des Lebens nicht unterschätzt werden sollte. Deshalb sperren Sie Ihre Spaß-Vision nicht ein, sondern geben Sie ihr genügend Raum.

Denkanstoß:
Konkrete Ziele sind wichtig. Sie ziehen Sie an, lenken Ihr Leben in die richtige Richtung und führen Sie zum Erfolg. Ziele tragen die Kraft zu ihrer Erreichung in sich. Nehmen Sie sich diese Kraft!

Aufgeben und Gewinnen: Alles hat seinen Preis

Etwas möchten ich Ihnen noch mit auf den Weg geben: Denken Sie daran, dass Sie nichts umsonst bekommen. Wenn Sie ein Ziel erreichen möchten, ist dies immer auch mit einem Preis verbunden. Sie werden sich beispielsweise von liebgewonnenen Gewohnheiten verabschieden müssen und Ihr bisheriges Verhalten ändern. Dabei ist es möglich, dass sich hier und da Negativ-Effekte einstellen.

Doch dies sollte Sie nicht beirren. Denn für das, was Sie aufgeben, bekommen Sie im Gegenzug etwas anderes: eine vielleicht besser bezahlte Arbeitsstelle, neue Kontakte mit interessanten Menschen, eine schlanke Figur, gesunde Vitalität, Ordnung in den Finanzen oder was immer Sie sich vorgenommen haben.
Machen Sie sich klar, was in Ihrem bisherigen Leben gut war und was Sie davon in Ihre Zukunft übernehmen möchten. Und überlegen Sie sich genau, wo und wann Sie Ihr optimiertes Verhalten sinnvoll und gewinnbringend einsetzen. Dann können Sie bald die Früchte Ihrer Anstrengungen genießen.

Und bedenken Sie stets: Was im Moment gut läuft, kann morgen schon wieder aus der Spur geraten. Nämlich dann, wenn Sie Ihr Lebensrad einfach so dahinrollen lassen, ohne es zu lenken und ihm immer wieder neuen Schwung zu verpassen. Dann können Sie die nächste Brücke vielleicht nicht mehr überqueren. Für den Augenblick haben Sie einen großen Schritt getan, doch der Weg geht weiter. Halten Sie an Ihrem neuen Denken und Handeln fest, damit Sie auch in Zukunft Ihr Leben meistern. Greifen Sie ruhig immer wieder auf dieses Buch zurück. Und lesen Sie Bücher über Themen, die Neuland für Sie sind, Sie inspirieren und auf kreative Gedanken bringen. Nutzen Sie die langen Autofahrten für Hörbücher, statt sich immer nur die aktuellen Katastrophenmeldungen im Radio anzuhören. Suchen Sie den anregenden direkten Austausch mit interessanten Menschen und guten Vorbildern. Denn nirgendwo sonst sind Sie in Ihrem Lernprozess so nah an der realen Umsetzung erfolgreicher Denkmuster und Handlungsweisen.

Denkanstoß:
Ihr Lebensrad braucht von Zeit zu Zeit eine Inspektion. Überprüfen Sie immer wieder, ob alle Speichen gleichstark sind. Halten Sie Balance.

Haben Sie bei alledem Geduld mit sich. Gehen Sie sorgsam mit sich um. Auch Gott hat immerhin sieben Tage gebraucht, um die Welt zu erschaffen. Erwarten Sie also nicht, mit der Erschaffung Ihrer neuen, ganz persönlichen Welt schneller zu sein.

Freuen Sie sich lieber über das, was Sie erreichen. Denn das sind mehr als materielle Ziele oder gesellschaftliche Anerkennung. Wenn Sie die Empfehlungen dieses Buches befolgen, sind Sie auf dem besten Weg zu wahrem Reichtum und gewinnen:

1. eine positive Einstellung
2. körperliche Gesundheit
3. harmonische Beziehungen zu Ihren Mitmenschen
4. das Freisein von Angst
5. die Hoffnung, die Vorfreude auf künftige Erfolge

6. unerschütterliche Zuversicht
7. die Bereitschaft zum Teilen
8. die innere Freude bei der Arbeit
9. strikte Selbstdisziplin
10. finanzielle Sicherheit

Suchen Sie sich aus all den Tipps, alle den Empfehlungen diejenigen heraus, die für Sie jetzt und hier richtig sind. Wenn Sie dann eine nach der anderen umsetzen, kommen Sie an Ihrem Erfolg kaum noch vorbei. Denn der Er-folg folgt auf das, was Sie mit vollem Herzen und echter Leidenschaft TUN. Erfolg folgt auf Ihr inneres Können, mit Freude und Hartnäckigkeit umgesetzt. Wenn Sie das beherzigen, ist es eigentlich ganz einfach. Jedenfalls kann es das sein!

Fazit:

- Tun Sie nur das, wovon Sie wirklich überzeugt sind.
- Entwickeln Sie aus Ihrer Vision konkrete Ziele.
- Setzen Sie sich immer wieder neue Ziele.
- Fangen Sie beherzt und jetzt an. Geben Sie niemals auf. Bleiben Sie am Ball.
- Bedenken Sie, dass es nichts umsonst gibt. Aber auch, dass Sie für alles, was Sie aufgeben, etwas Neues erhalten.
- Bauen Sie Ihr Wissen über die Kunst, das Leben zu meistern, kontinuierlich aus.

REFLEXION: Jetzt sind Sie dran: Denken Sie weiter

Sehen Sie kurz zurück:

Wo standen Sie, bevor Sie mit diesem Buch begannen?
Welche Veränderungen im Denken und Handeln haben Sie erreicht?

Was wollen Sie als Nächstes erforschen?

Haben Sie sich wirklich damit auseinandergesetzt, was Sie „im Innersten antreibt“? Das sind die Werte, an die Sie wirklich glauben.

Machen Sie es sich zur Regel, die Werte-Arbeit spätestens alle zwei Jahre zu wiederholen. Denn Ihre Werte ändern sich im Laufe Ihres Lebens mit den Umständen und den Erfahrungen. Auf den Werten aber basieren Ihre Motivatoren.

Haben Sie Ihre Motivatoren richtig erkannt? Wie halten Sie Ihre eigene Motivation hoch?

Welche Hilfen werden Sie sich holen? Wie werden Sie dafür sorgen, dass Ihre Mitmenschen mit Ihnen gehen? Hören Sie nie auf, neue Wege zu finden und zu gehen.

Halten Sie Ihr Lebensrad in Balance. Lenken Sie es und lassen Sie es rollen!

Danksagung

Dieses Buch ist mehr als das Werk eines Autors. Es konnte nur durch die großartige Unterstützung vieler lieber Menschen entstehen. Ihnen allen will ich an der Stelle herzlich danken:

Andreas Buhr, der mir als Gründer und Vorstand der Buhr & Team AG nicht nur ein Freund, sondern auch ein trainerisches Vorbild und letztlich auch ein Verleger wurde.

Sabine Vogel für ihre Inspiration und ihre Info- und Text-Zulieferungen zu den Themen Ernährung und Bewegung in diesem Buch.

Den herausragenden Trainern Dr. Stephen Covey, Anthony Robbins, Vera F. Birkenbihl, Samy Molcho für alle Anregungen und Impulse.

Dann natürlich auch der auf dem Umschlag und im Impressum genannten Künstlerin Franziska Caroline Thümler für die schönen Illustrationen.

Dem go!Live-Verlag für das grundlegende Buch „go! Die Kunst das Leben zu meistern“ – sowie Andreas Buhr und Wolfgang Müller als Autoren – und für meine Unterstützung als Autor schon im Buch „Training ist der Erfolg von morgen: So bringen Sie Ihr Unternehmen voran“.

All jenen hier nicht im Einzelnen genannten Menschen, die mich auf meinem Lebensweg begleiteten, unterstützten und inspirierten. Sie wissen und spüren schon, wer gemeint ist.

Und Ihnen, liebe Leserin, lieber Leser, danke ich schon heute für jedes Feedback und jede Anregung. Sie erreichen mich und mein Team unter:

MDconsulting
Hauptstraße 293
79576 Weil am Rhein
+41 78 320 24 58
info@mdc24.com
www.mdc24.com

Verzeichnis der verwendeten und weiterführenden Literatur

Blanchard, Ken: Full Steam Ahead – volle Kraft voraus! Die Kraft der Visionen. Gabal, Offenbach, 2004

Buhr, Andreas: Agiere jetzt! 7 Aktionsgesetze für mehr Erfolg im Leben. go! LiveVerlag, Düsseldorf, 2. Auflage 2021

Buhr, Andreas: Business geht heute anders. Buhrs beste Business-Hacks. Gabal, Offenbach, 2021

Buhr, Andreas: Führungsprinzipien. Worauf es bei Führung wirklich ankommt. Gabal, Offenbach, 2016

Buhr, Andreas: Machen statt meckern! Die 10 Prinzipien der Clean Leadership: Erfolgreich auf dem Weg zur Spitze. go! LiveVerlag, Düsseldorf, 3. Auflage 2021

Buhr, Andreas (Hrsg.): Training ist der Erfolg von morgen. go! LiveVerlag, Düsseldorf, 2016

Buhr, Andreas: Vertrieb geht heute anders . Das Ende des Verkaufens . Gabal, Offenbach, (überarb.) 9. Auflage 2020

Buhr, Andreas / Feltes, Florian: Revolution? Ja, bitte! Gabal, Offenbach, 2. Auflage 2019

Christiani, Alexander / Scheelen, Frank M.: Stärken stärken. Talente entdecken, entwickeln und einsetzen. Redline Wirtschaft, München, 2008

Covey, Steven R.: Die 7 Wege zur Effektivität. Gabal, Offenbach, 10. Auflage, erw. u. überarb. Neuausg. 2005

Deutsche Gesellschaft für Ernährung (Hrsg.): Ernährungsbericht 2004, 2008, 2012, 13. Ernährungsbericht 2016. Dokumentiert auf: https://www.dge.de/wissenschaft/ernaehrungsberichte

Dederichs, Stefan: Glücksmacher. Zum Glück gibt´s ... Wege. Business Village, Göttingen, 2017

Dietsche, Marco: Den (All-)Tag in den Griff bekommen; in: Buhr, Andreas (Hrsg.): Training ist der Erfolg von morgen. so bringen Sie Ihr Unternehmen voran. Go! Live Verlag, Düsseldorf, 2016, S. 24 - 36

Drucker, Peter F.: The Effective Executive: The Definitive Guide to Getting the Right Things Done. HarperBusiness, 2006

Enkelmann, Nikolaus B.: Mit Freude erfolgreich sein. Motivieren – Begeistern - Überzeugen. Arbeitsbuch zur Persönlichkeitsbildung. MVG, Frankfurt/Main, 2000

Fisher, R.; Ury, W.; Patton, B.: Das Harvard Konzept. Campus, Frankfurt am Main, New York, 2003

Frankl, Viktor E.: Der Mensch vor der Frage nach dem Sinn. Eine Auswahl aus dem Gesamtwerk. Piper, München, 2005

Gierke, Christiane: Das ist ja´ne Marke! Bekannter, beliebter und erfolgreicher mit Persönlichkeitsmarketing®. GABAL Verlag, 2012

Hauner, D.; Hauner, H.: Leichter durchs Leben. Trias Verlag, Stuttgart, 2002

Heseker, H.; Heseker, B.: Die aktuelle Umschau Nährwert- und Kalorientabelle. Umschau Verlag, 3., korrigierte Auflage, Neustadt/Weinstraße, 2005

Hofmann, Markus: Denken Sie neu: Mentales Überlebenstraining in der digitalen Welt. Südwest, München, 2014

Ikeda, Daisaku: Der Buddha lebt. Nymphenburger, München, 2000

Kasper, H.; Wild, M.; Burghard, W.: Ernährungsmedizin und Diätetik. Urban & Fischer Bei Elsevier, 10., neubearb. Auflage, München/Jena, 2004

Kiyosaki, Robert T. :Rich Dad, Poor Dad. Was die Reichen ihren Kinder über Geld beibringen, FinanzBuch Verlag, München, 2. Auflage 2014

Konopka, P.: Sporternährung. BLV Verlagsgesellschaft mbH, 10., neubearb. Auflage, München, 2006

Kostolany, André: Die Kunst, über Geld nachzudenken. Ullstein, Berlin, 2007

Malik, Fredmund: Führen Leisten Leben: Wirksames Management für eine neue Zeit. Campus, Frankfurt/Main, 2006

Meckel, Miriam: Brief an mein Leben: Erfahrungen mit einem Burnout, Rowohlt, Reinbek, 2016

Müller, Wolfgang / Bednarek, Joachim: Kommunikation. In: StartUp in den Job. VDE Verlag, Berlin und Offenbach, 2006, S. 255 - 311

Scheelen, Frank / Christiani, Alexander: Stärken stärken. Talente entdecken, entwickeln und einsetzen. Redline,/Münchner Verlagsgruppe, München, 2013

Schirm, Rolf: Evolution der Persönlichkeit: Die Grundlagen der Biostruktur-Analyse. IBSA Institut f. Biostruktur-Analysen, Luzern, 14., aktual. Auflage 2011

Seiwert, Lothar: Das 1 x 1 des Zeitmanagement: Zeiteinteilung, Selbstbestimmung, Lebensbalance. Gräfe und Unzer, München, 2014

Seiwert, Lothar: Wenn du es eilig hast, gehe langsam. Mehr Zeit in einer beschleunigten Welt. 13. Aufl., Campus, Frankfurt und New York, 2008

Spork, Peter: Der zweite Code. Epigenetik oder: Wie wir unser Erbgut steuern können. Rowohlt, Reinbek, 2014

Sprenger, Reinhard K.: Mythos Motivation. Wege aus einer Sackgasse. Campus, Frankfurt am Main, New York, 20.te Auflage, 2014

Tepperwein, Klaus: Superintuition. Mod. Verlagsgesellschaft, München, 2002

Watzlawick, Paul: Wie wirklich ist die Wirklichkeit? Piper, München, 2001

Watzlawick, Paul: Anleitung zum Unglücklichsein. Piper, München, 15. Aufl. 2009

Vogelhuber, O./ Scheelen, Frank M.: Was Menschen wirklich wollen. Menschenkenntnis auf einen Blick mit Profiling[3]. Bildungsverlag by Scheelen, 2019

Zenger, John H. / Folkman, Joseph R.: The Extraordinary Leader. Turning good Managers into great Leaders. McGraw Hill, NYC, 2009

Über den Autor: Marco Dietsche

Marco Dietsche ist „der Brückenbauer". Als Trainer unterstützt er Menschen und Unternehmen dabei, Brücken zu anderen Menschen zu bauen. Denn letztlich geht es im Leben wie im Business, im Verkauf, in der Führung immer um das eine: den Menschen.

Das hat Marco Dietsche bereits früh verstanden: zunächst in seiner Laufbahn bei der Luftwaffe, dann als selbstständiger Kaufmann im Versicherungsaußendienst und als Gründer mehrerer Firmen in Deutschland und der Schweiz. Neben seiner beruflichen Tätigkeit bildete er sich ständig weiter als Trainer und Berater; 2013 absolvierte er die bekannte Trainerausbildung der Buhr & Team Akademie AG. Seither führt er als Trainer und Seminarleiter die Ausbildungs- und Trainingsprogramme der MDconsulting GmbH.

Marco Dietsche lebt heute in der Schweiz und ist erreichbar unter
coach58@gmx.ch, info@mdc24.com
Tel. +41 78 320 24 58